Bleib lässisch BABBEL HESSISCH!

Frank Fodderwestje

3. Auflage, März 2025

E-Mail: frank.fodderwestje@gmx.de
Facebook.com/FrankFodderwestje
Instagram.com/FrankFodderwestje

Korrektorat: Alexander Otto

Alles Guude kimmt net
von obbe.
Alles Guude kimmt von
Hessen!

Vorbemerggung

(Korzz unn knaggisch uff de Punkd gebracht)

Ei Guuude, ihr Hesse! Oigeplaggde unn Auswärddische ... Unn Inne.

Heer uff! Isch fang in maa'm Alder noch midde Schännderei [mit dem Gendern] do aa. Geh fott. Isch glaab's geht loos.

Ei wass dann?! Däs sin doch Ferzz mit Krigge. Es langt doch grad, wenn die alls im Fernseh, in de Zeidung unn im Indernett schänndern. Mei Fraa (däs Agnes, gell) kann däs aach net begreife. Unn mei herzzgebobbeld' Dreggschibbsche isse rischdische Fraa, wo maaner Ansischd nach relladief emmannzibierd is, wie mär heut so schee säscht, gell.

Ei, däs Schännderwelschgebabbel [Genderwelsch(-Gerede)] heerd sisch jo aa, wie als hätt aaner de Schligges [Schluckauf].

Mei Fraa unn isch sin zu Zeide vom **Blaue Bock** unn de **Rodgau Monotones** uffgewaggse, gell. Do habbe die däs midde bolliddische Korreggdheid noch net so genau genomme wie heut die Leud, wo sisch iwwer Ferzz uffreesche unn bei jeedem Miggeschiss gleich die beleidischd' Lewwerworscht schbiele.

Friehjer hot mär aach gesäscht, uff jeed' Dibbsche basst e Deggelsche [Auf jedes Töpfchen passt ein

Deckelchen]. Heut is däs so, däss entwedder de Deggel beschisse aassieht, odder däs Dibbsche issen Grobbe [großer Topf]. So mancher Deggel wär allsema gernn e Dibbsche, unn e anner Dibbe hält sisch fäer e Braadpann. Ei, wer soll dann do noch dorschbligge, bei deene ganzse binäre Nonne [Non-binäre] unn de gepierschde, häddero-lässbische, trannssäggsuelle Schännderfeddischissd*Inne, woss waaß isch, gell?!

Hier! Net, däss misch aaner falsch verschdehe duud: Isch habb nix geesche däddowierde, wehgaane Transchwäschtidde unn diwärsse annern. Jeeder soll nach saaner Fassong gliggseelisch werre ...

Mei Fraa lunst mer grad iwwer die Schulder driwwer unn säscht, däs könnd isch doch so net schreibe. Ei ja, däs wäerstde schonn sehe.

Ei, mir sin halt ebbe von Hesse unn babbeln grad wie uns die bambelisch' Schlabbschnuud gewaggse is, Woss willst'n mache? (Eischendlisch babbel isch aach gar net viel. Isch denk nur allsema bissi laud, gell. Dehaam habb isch 'wieso [sowieso] net viel ze karramelle.)

Wo mär grad von friehjer redde ... Dammols habbe mir aach noch Mohrekäbb unn Neescherküss g'esse, anschdatt "Schaumküsse", unne schee Zigeunerschnittzel. Unn dadevonn bistde fäer e paar Markk fuffzisch aach noch rischdisch satt worrn. Do hostde aach noch e Weck [Brötchen] krieht fäer sibbe

Grosche, unne Pund Uffschnitt fäer'n Abbel unne Ei. Ei, is ja aachema Worscht. Die Zeide ännern sisch ebbe, woss willst'n mache, gell …

Uff jeede Fall …, wenn isch von de Hesse, de Auswärddische oddäer de Oigeplaggde babbel, dann sin do **alle Leud** mit gemaant: Die Buube, die Meedscher, die Deggelscher unn die Dibbscher, die Grobbe unn die Braadpanne unn maanetweesche aach de Wok.

Jeedenfalls freu isch misch riesisch, däss ihr all do seid, unn däs ihr däs Buch, wo ihr grad so neigierisch neigugge duud, uffgeschlaache habbt.

Isch will misch aach gar net lang am Vorwortt uffhallde, gell. (Wer mei annern Bischelscher geleese hot, waaß wessweesche unn wieso.)

De Scheff (mei Fraa, gell) säscht, isch soll Ihne eusch nur grad korzz unn bindisch färkliggäern, woss eusch in demm Buch erwardde duud.

Ei bass uff! Mir fange vornne bei **A** aa und heern hinne bei **Z** uff. Zwischedorsch gibbt's zur Ufflogge-rung hessische Reddensardde, Weisheide unn indressannde Fannfäckts [Fun-Facts] (wie mär uff Neudeutsch so schee säscht, gell) iwwer die Lebbensart unn Gulduur vonn de Hesse. Unn fäer noch mehr Schbass, habb isch eusch aach noch e baar scheene Hessischwitzjer mit neigebaggt. Aach die Grammaddigg [Grammatik] kimmt net ze korzz, däss de Auswärddischen unn aach die jinggere Leid aachema wisse, wie hessische Wörddäer rischdisch gebabbelt unn bedoond werre, unn wie däs bei uns mim Satzuffbau so geht.

Bekanndlisch mache mir Hesse en hohe Booche um de Gennidief [Genitiv], gell. Baam Babbele benuddze mir nadierlisch völlisch ze Reschd de Dadief [Dativ]. Alles annere is dem Ocks ins Hornn gepetzt. Bei aller Bescheideheid, därffe mir Hesse aach e bissi stolz druff sein, däss mir bei unsern Dadiefkonschdruktz-joone so kreadief sin wie kaan annern Dialeggd.

Bevor mir hier gleisch rischdisch losleesche, muss isch noch uff ebbes Wischdisches hinweise:

Es gibbt doch daadsäschlisch einische verriggde Schbraachwissenschaffdler, wo behaubde, Hessisch wördd's gar net gebbe. Däs' de Hammäer du. Dodebei waaß doch jeedäer Kwadraatsimbel, däss die Viellfalld vom hessische Dialeggd aanzsischarddisch is. Woss die Babbelexperdde dodemit saache wolle, is, dässes DÄS aane Hessisch net gibbt.

Bei de hessische Mundartt hostde allsema brudaale Unnerschiede zwische Niederhessisch/Nordhes-sisch, Osthessisch, Middelhessisch/Zentralhessisch unn dem Südhessische, wo mir bei uns dehaam babbele. In mansche Reggjoone kimmt däs vor, däss de Worttschatz unn die Ausspraach zwische nahgeleeschene Orttschaffde so grawiernd aase-nannergehe, däss de aane net waaß, woss de annern babbeld. Da bistde baff, gell?

Däs wäerd aach de Grund dodefier sei, wesswee-
sche die Miggrosoffdies, die wo do die Wördd-Sofft-
wehr erfunne habbe, mit der wo isch grad de Dext in
die Dassdadur von maam Schlebbdobb neihaach,
sisch gar net ersd die Mieh mache, en Abbdeed
[Update] midde hessische Reschdschreibprüffung ze
inschdalliere, gell. Däs is deene anschein'd ze
kombliziert unn vermuttlisch aach worschteegaal.
In dem Fall färlass isch misch liewer uff die Babbel-
fähischkeide von mei Fraa, schdatt uff so e bleed
kinsdlische ~~Inkontinenz~~ Indelligenz.

Däss mir Hesse en guude unn ausgepreeschde Sinn
fäer Humor habbe unn insbesonnere de südhessi-
sche Dialeggd ausem Rhein-Main-Gebiet aach
außäerhalb von Hesse beliebbt is, sieht mär unner
annerm an de Comedy-Duos *Badesalz* unn *Mund
stuhl*, unn aach am *Bodo Bach*, em *Begge Peder,* em
Maddin Schneider unn am *Walter Renneisen.* Unn
aach wennäer (genau wie de Heinz Schenk aach) en
gebürddische Meenzser von de Palz is, will isch hier
aach noch de *Sven Hieronymus* (de "Rocker vom
Hocker") erwähne, weil der so bissi ähnlisch babbelt
wie mir, unn aach so lusdisch is, gell.

Nebber'm *Heinz Schenk* is de bekanndesde Hesse
wohl unsern guude Geede [Goethe] – de Johann Wolf-
gang von, gell – wo von Frankfortt kimmt (unn wo
hinnenach nach Weimar abgemacht is).

Obwohl in gebilldedde Lidderadurkreise bis heut

felsefest behaubded wäerd, däss die letzde Wordde vom Geede „Mehr Licht" geweese sein solle, sin viele dadevon iwwerzeuscht, däss de Geede uffem Sterbbebett gesacht hot: **„Mär liescht** hier ganz schee unbekweem! Mein liewer Scholli." (Eindeudische Beleesche gibt's dadefier awwer net, gell.)

In de Reeschel verschdehe mir Hesse ganz viel Schbass, woss isch aach immäer widder festschdell, wenn isch im Indernett uff de Feesbuckseit, odder allsema aach baam Inschdagramm, so e baar lusdische Klamodde dorsch däs Wörldweidwebb jaach.

Isch habb mer ma die Mieh gemacht, unn die besde von deene ganzse Sprisch [Sprüche] unn Witzischkeide zesammegeklobbt unn in dem Buch, wo ihr grad leese duud, fär|ee|wischd.

Mir Hesse sin halt ebbe net nur witzisch, sonnäern aach unwahrscheinlisch entschbannd unn lässisch unnerwees. Die Gelasseheit steggt bei uns schonn bei de Gebortt in de Geene drinn, gell. Awwer wenn's sein muss, könne mir aach schenne wie kaa anner Völksche uff de Weld. Desdeweesche schdehe in dem Buch aach e baar hammermäßisch hessische Schimpfwörddern mit drinn, wo mär guud gebraache kann, wenn's ma hardd uff hardd kimmt.

In Hesse saache mir zum Beischbiel net so ebbes

wie: „Da muss ich Ihnen vehement widersprechen.
Ich vertrete eine völlig andere Meinung."

In Hesse saache mir: „Hal'dei babbisch Gosch, du
Schlabbmaul!"

Ferddisch! Jetz langt däs awwer aach mim
Vorwortt.

Isch winsch eusch allminanner viel Schbass baam
Leese unn Bläddern.

Euern *Frank Fodderwestje.*

**Bleib lässisch,
babbel Hessisch!**

 wie Affekobb

In Hesse saache mir net:

"Entschuldigen Sie bitte, ich habe Sie nicht richtig verstanden. Könnten Sie das bitte noch einmal wiederholen?"

In Hesse saache mir:

"Hä???"

So sieht bei de Hesse en vollständische Satz mit zwaa Buchstaabe aas. Wieso umständlisch, wenn's aach aanfach geht, ohne unneedische Ferzz.

Hessisch babbeln, abbäer rischdisch!

Wenn mär zum ersdema versuchd Hessisch ze babbeln, sollt mär vorheer uff jeede Fall e baar Loggerungsübbunge mim Unnerkiefer mache, däss mär aach wärkklisch konsekwennd jeedes "–ich" unn "-ig" wie "–isch" ausspri**sch**d, wo's erordderli**sch** unn noodwendi**sch** is. Weil sonsd heerd sisch däs zimmli**sch** färschdäerli**sch** aa. En gummierde Unnerkiefer hilft aach dodebei, däss aam däs lange-zoochene "a" geschmeidisch unn ganz nadierlisch von de Libbe kimmt.

Es gibbt abbäer Ausnahme von de Ree**sch**el: Mansche Wördder werre aach wie "-ich", bzw. mim korzze "a" ausgesproche, gell.

Aa**ch**e [Augen]	A(a)**sch**ebe**sch**äer [Aschenbecher]
ma**ch**e [machen]	Maa**ch**e [Magen]
la**ch**e [lachen]	Laa**ch**e [Lage]
Sa**ch**e [Sachen]	saa**ch**e [sagen] saa**sch**e [seichen]
moddzi**sch** [motzig]	wi**sch**di**sch** [wichtig]

aababbe   ankleben

aabännele   flirten, anbandeln, sich kennenlernen

Aabee   Toilette, Klo

Aabeeparool   1. Gerücht 2. derb: "Scheißhausparole"

Aabeemigg   Schmeißfliege; Klomücke

aabumbe   jemanden um Geld bitten

Aach   Auge; auch

Hessische Lebensphilosophien und Redensarten

"Isch haach där aans
uffs Aach, unn uffs
anner Aach aach!"
Ich hau dir eins aufs Auge, und aufs andere Auge auch!

"Wann de misch uffs Aach haachst,
haach isch disch aach uffs Aach!"
Wenn du mir aufs Auge haust, hau ich dir auch aufs
Auge.

Aachedeggel   Augenlid

aadaddsche   antatschen, anfassen

aadeude   andeuten

aagewwe, aagebbe   angeben

aam   einem

aanem   jemandem

aaflaume   zurechtweisen, anpflaumen

aageduddeld   angetrunken, beschwipst

aagewähne, aagewehne   angewöhnen

aahaache	1. anhauen 2. anhauchen
Aamäer, Aamää	Eimer
aans	eins
aapeiffe	zurechtweisen
aarembele (stummbe)	anrämpeln

aarschloos 1. arglos 2. Bezeichnung für jemanden, der einen flachen, schmalen Hintern hat, der kaum sichtbar ist.

aaschdegge	anstecken
aaschdummbe	anstoßen, anschupsen
aaschmiere	hereinlegen, täuschen
aaschwärzze	"anschwärzen", verpetzen

aazabbe sich etwas von jemandem leihen; anpumpen

ääbsch	schlecht gelaunt
abarddisch	abartig

Abschdaawer "Abstauber"; jemand, der alles nimmt, was er kriegen kann

abbäer, awwer	aber
Abbardmang	Apartment
Abbeditt	Appetit

Abbelbutze   Kerngehäuse vom Apfel

Abbelkuche   Apfelkuchen

Äbbelwoi Äbbelwoi, Ebbelwoi

Apfelwein ("Äppler", "Stöffsche", "Schobbe")

Däs süffische Natzjoonalgetränk von de Hesse, schlugge mir entwedder sießgeschbriddzt, sauäergeschriddzt oddäer puur. De Gödderdrobbe wäerdd bevorzuucht vom Bembel ins Geribbde [Geripptes/geriffeltes Apfelweinglas] neigeschitt' unn als Schobbe gepetzt.

Vom Bembel ins Geribbde, vom Geribbde in de Hals.

Die Schreibweise "Ebbel" is zwar gängisch, awwer streng genomme net ganz rischdisch, weil Äbbelwoi von Ä wie **Äbbel** (Äpfel/Apfel) kimmt. Awwer däs is uns eischendlisch Worscht. Hauptsach däs Schdöffsche knallt unn löscht de Dorscht!

Hessische Reime

Ob Äbbelwoi, Äppler oddäer
Schobbe, däs Schdöffsche is unn
bleibt en guude Drobbe!

willsde disch gesund erhalde,
trink en Äbbelwoi, en kalde. Duud's däer in de
Knoche robbe, schlugg alls'ma en heiße Schobbe.
Däs Schdöffsche is fäer alles guud, beleebt de
Kreislaaf, laabt die Schnuud.
Unn weil mir aus Hesse sin, schidde mer deen
vom Bembel ins Geribbde rinn!

Äbbelwoischnuud — Apfelweinliebhaber

Äbbelwoistubb — Apfelweinlokal/-kneipe

Abbedeesch, Abbedeeg — Apotheke

abdammpfe — abdampfen; abhauen

abdissbediern — abstreiten

abdrebbele — abtropfen

abgebrannd — pleite

abhassbbele 1. sich abhetzen 2. hastig und umständlich arbeiten

abjuggele — abplagen; schuften

abklabbäern, abklabbere verschiedene Orte oder Per-sonen nacheinander aufsuchen

abknäbbe, abknöbbe abknöpfen, jemandem etwas (mit List) wegnehmen

abkratze, abnibbele derb für sterben

abmache 1. weggehen, entfernen *"Isch mach misch ab!"* [Ich gehe.] 2. etwas vereinbaren

abmorkse, abmurggse 1. jemanden umbringen 2. sich an einer Arbeit schwer zu schaffen machen; *"sisch aaner abmurggse"* [sich einen abmurksen]

abraggäern schwer schuften

Abrikoos Aprikose

abrobbe grob abreißen

abschmiere ausrutschen

abstoddäern, abschdoddern 1. (mit Mühe und Not) in Raten zahlen 2. Unklar sprechen; stammeln

Abtridd Toilette ("Abtritt")

abzwagge abzwacken, abkneifen

achdbasse aufpassen, achtgeben

äerr verwirrt

Afdäerballe Gesäß ("Afterballen")

äffdäer öfter

Affezägguss, Affezergguss Affenzirkus, Theater

Klaanes Äbbelwoi-ABC

Abbel Apfel: Grundlage des Apfelweines

Alder Apfelwein des vorherigen Kelterjahres

Bembel traditioneller Keramikkrug für Apfelwein

Diefgeschbriddzde Ein Viertel Apfeilwein und dreiviertel Limonade

Dorschdel Jemand, der viel Durst und Lust auf Apfelwein hat

Faulenzser Ausschankvorrichtung, um die letzten Tropfen aus dem Apfelwein herauszuholen, ohne etwas zu verschütten

Fischdekränzsche Fichtenkranz, der meist vor dem Eingang von Gastätten hängt, um Gästen zu zeigen, dass der Wirt eine Ausschankerlaubnis besitzt.

Geribbdes geriffeltes (geripptes) Apfelweinglas, bei dem der Apfelwein optisch besonders gut zur Geltung kommt.

Geschbriddzde Apfelwein mit einem Schuss Mineralwasser

Gorjelschwengker jemand, der seinen Hals (seine "Gurgel") mit Apfelwein spült

Gödderdrobbe	Göttertropfen
petze	Apfelwein trinken
Saalöngsche	Apfelweingläschen (0,2 l)

Sauäergeschbriddzde Apfelwein mit deutlich mehr Mineralwasser, als beim "Geschbriddzde"

Schnuudedungker witzige Bezeichnung für einen Apfelweintrinker (Mundtunker-/eintaucher)

Schobbe Ein gefülltes Geripptes

Schobbeklobber Jemand, der viele Schoppen hinter-einander trinkt (auch: "Schobberobber")

Schdöffsche Spezielle Bezeichnung für den Apfel-wein

Sießer frisch gekelteter Apfelwein

Sießgeschbriddzde Apfelwein mit süßer Limonade

Wärmmscherbrieh Apfelwein mit niedrigem Alkoholgehalt ("Würmerbrühe")

aggadämlisch akademisch

Aggdiwwideede Aktivitäten

Hessische Weisheiten

Ausem traurische Aarsch kimmt kaan fröhlische Forzz!

Vom Maddin Ludder [Martin Luther] ins Hessische iwwernomme: *Aus einem verzagten Arsch kommt kein fröhlicher Furz.*

Ahle Worscht Ahle Worscht

Die **Ahle Worscht** [Alte Wurst] isse leischd kaldgeräuscherde, odder luftgetroggnede Dauerworscht, wo tradditzjoonell in Nordhessen in de Hausschlachdung hergeschdellt wäerd unn wo weesche de Konnschisstenz [Konsistenz] unn demm guude Geschmagg im ganzse Hesseland beliebbt is.

Anno 1488 war die Ahle Worscht schonn unner dem Naame „Feldkieker" im Raum Fritzlar als "Roode Worschl" [Rote Wurst] bekannd.

Aach wenn die Ahle Worscht e bissi aasieht wie e idalljeenisch' Salammi, is däs kaa Salammi, gell. Die Ahle Worscht, haaßt desdeweesche so, weil se sehr lang reife duud.

Im Februar 2023 hot die nordhessische Ahle Worscht von de EU däs Prädikat "geschützte geographische Angabe" (g.g.A.) erhalde.

alläerhand Eine Zumutung; "Das ist ja unfassbar!"; Ein Ding der Unmöglichkeit.

Allerwerddesde Hintern (Der Allerwerteste)

alle-ridd ständig

alleweil soeben, endlich

Allgohool, Allgehool Alkohol

Allmäschdischer! "Allmächtiger!"; Ausdruck des Entsetzens oder Erstaunens

allminnannäer allesamt, alle zusammen

Allmoi, Allmei Egoist, habgieriger Mensch ("Alles mir"; "Alles meins")

alls im Sinne von "immer", "ständig"
"Alls weidäer!"; "Alls druff!"; "Alls woss anneres."

allsema manchmal

Andiftsche, Andiffdsche Endivien

annfäersisch an und für sich

annerschd anders

annenannäer aneinander

Anno Dubbagg vor langer Zeit; "Anno Tobak"

Annodutzemol Anno dazumal

Annonggs Annonce, Zeitungsanzeige

Äppler Kurzform von "Äbbelwoi", die für manchen Hessen ein No-Go ist, da es sich hierbei nicht um die traditionelle Bezeichnung des Apfelweins handelt. Das Wort "Äppler" wurde erstmals in den 1980er Jahren von Keltereien zu Werbezwecken verwendet, was dem Apfelwein allerdings auch zu mehr Popularität außerhalb Hessens verholfen haben dürfte.

Hessische Weisheiten und Lebensphilosophien

Liewer ze viel Handkäs g'esse, wie ze weenisch Äbbelwoi geschluggd.

Lieber zu viel Handkäse (mit Musik) gegessen, als zu wenig Apfelwein getrunken.

ärschendwann	irgendwann
ärschäerlisch	ärgerlich
A(a)schebeschäer	Aschenbecher
ausbaldowäern	erkunden, auskundschaften
ausdoggdern	untersuschen, erforschen
ausgugge	aussuchen, auswählen
ausklamiesern	austüfteln ("ausklamüsern")
Awanndi Galobbi	"Avanti!"; "Hurtig!"

Hessische **Schimpfwörter** mit **A**

aal Atzel abwertende Bezeichnung für eine verschrobene, alte Frau ("alte Elster")

aal Babbeldibbe "alter Labertopf", Quasselstrippe, Schwätzer(in)

aal Brummeldibbe jemand, der undeutlich vor sich hinbrummelt/-murmelt

aal Dibbe eine verschrobene Alte

aal Flennern alte Heulsuse

aal Huddel lumpige, ältere Frau

aal Knalldibbe Steigerung von "aal Dibbe"

aal Scheggel alte Jungfer

aaler Drache nervige, bösartige, xanthippische Ehefrau oder Schwiegermonster

Aarsch, Asch Der Hesse spricht das Wort sowohl kurz und knackig, als auch langgezogen aus. *"Dem Aarsch zeisch isch glaasch die Aschkartt."*

Aarschgeisch "Arschgeige"; unbeliebte Person

Aarschkrott "Arschkröte": Rotzgöre

Aarsch mit Ohrn Widerlicher Mensch; Vergleich des Gesäßes mit dem Gesicht.

Ableescher Abfällige Bezeichnung für den Familiennachwuchs ("Ableger")

Achherjeesche überängstliche, zimperliche Person ("Ach-her-je-chen")

Affeheiner 1. alberne Person, 2. abfällige Bezeichnung für einen Darmstädter (Heiner)

Affekobb Blödmann; sturer, einfältiger, ignoranter Mensch; Primitivling

Angstschissäer "Hosenscheißer", Angsthase

Armmleuschdäer Armleuchter

Lauder koomische Wörddäer ...

"Du Omi. Ich versteh den Opi nicht. Der sagt immer so komische Wörter wie Schluurie, Dilldabb, Fulder, Riwwelaarsch, Ferzzmitkrigge, Krawallschachdel, Rambazamba, Kuddelmuddel ..."

Säscht die Omma: "Mein Bubb, däs liescht dadrann, däss de Obba en alde Babbsagg is, unn de labbeduddelische Hannebambel allsema bissi doll Zeusch babbelt."

"Jetzt fang du auch noch an."

B wie Bagaasch

In Hesse saache mir net:

"Meiner Auffassung nach mangelt es Ihrer vermeintlich plausiblen Argumentation an einer gewissen Sachkompetenz."

In Hesse saache mir:

"Babbel kein' Scheißdregg, du Simbel!"

GRAMMATIK: **Der hessische Dativ**

De Dadief [Dativ] issem Gennidief [Genitiv] sein Dood.

Mir Hesse hasse de Gennidief deffinidief wie die Pest, unn verwende baam Babbeln unn Schreibe uff jeede Fall de Dadief! Däs isse ganz klar Sach.

Zwar duun die meisde Dialeggde, de Gennidief bewusst vermeide, awwer mir Hesse sin bei unsern Dadief-Konschdruktzjoone ganz besonners orgginell unn kreadief, wie mär an folschendem dialeggdische Dialooch sieht:

"Horsche Se ma! War däs vorhind Ihne Ihrn Mann sei Schwesder ihrn Bubb?"

"Mit Nichten! Das war der Sohn meiner Schwägerin."

"Ach! Sache Se ma: Is Ihne Ihrn Mann sei Schwesder, zufällisch die Aal vom Schorsch sei'm Brudäer?"

"Sie war mal mit Georgs Bruder verheiratet. Mittlerweile ist sie Georgs Frau."

"Ei jei-jei-jei! Awwer de klaane Schluurie is de Ableescher vom Schorsch sei'm Brudäer, gell?"

"Nein! Das ist Georgs Sohn."

"Jesses, Kerlle naa! Wohnt dann em Schorsch sein

Brudäer jetz im Schorsch sei'm Haus? Unn die anner Bagaasch im Schorsch sei Fraa ihr'm Haus?"

"Genau! Die ganze Familie wohnt in Gudruns Haus!"

"Eiderdaus!"

Da bisde baff, gell?!

Baa Bein

Baadzsie Bayer

Babba Papa

Babbedeggel 1. Karton (*Karddong*), Pappe, Pappdeckel 2. Führerschein

Babbegei 1. Papagei 2. Nachschwätzer; einer der keine eigene Meinung hat

babbele, babbeln sprechen, reden, schwätzen, sich unterhalten

---

Hessische Sprüche und Redensarten

Isch babbel net viel.
Isch denk nur allsema laud!

Ich rede nicht viel. Ich denke nur manchmal laut.

Babbelwassäer   Alkohol

"Hostde heut wiedder Babbelwassäer gesoffe?", sagt der Hesse zu jemandem, der ununterbrochen redet.

Babber   (Auf)Kleber

babbisch   klebrig, schmierig

babbsatt   randvoll satt

Babier   Papier

Bach mache   pinkeln

baddsche, battsche jemandem eine Ohrfeige oder einen Klaps geben

baddschnass, battschnass triefend nass (patschnass)

Bagaasch Gesindel, Anhang, Sippschaft, Bande, Brut

Däs Wortt kimmt ausem Franzseesische *bagage* (= Gepäck) unn bezeischend en läsdische Haufe von foschbare Leud, wo mär net leide kann, odder annern Pärsohnegrubbe, mit deene mär am liebbsde nix ze due habbe will.

Dodemitd kann aach die ganz' bugglisch' Verwandtschaftd mit samt Aahang unn de verzoochene, närffische Ableeschern (*Rasselbande*) gemaant sei.

Wenn die uffdringlische Sibbschaft vor de Dier schdeht, mäschstde am besde net uff, unn ergreifst iwwer de Hinnerausgang die Flucht.

Bäernn	1. Birne 2. Kopf
baff	verblüfft sein
baldowäern	auskundschaften
Ballkong, Ballkoon	Balkong
Ballong 1. Ballon 2. Bezeichnung für Kopf	
Ballongs 1. Balance 2. Ballons 3. voluminöse Brüste	
Ballsch	(böses) Kind (Balg)
Banaddzel, Banatzel	Gesicht

Hessische Bezeichnungen für *Kopf* oder *Gesicht*

Kobb, Abbel, Bäernn, Banatzel, Brezzel, Deedz, Erbbs, Nischel, Schwelles, Wäersching, Wiesaasch

---

bassiere	passieren
Batschkapp, Baddschkabb 1. Schirmmütze 2. Frankfurter Szenelokal	
bedebbäertd	verdutzt, verstört
Beddongknoode	dicker Krawattenknoten
bedribbeld	traurig, niedergeschlagen
bedubbe, bedubbse	betrügen, übers Ohr hauen
beduddele	sich betrinken

Beehmische Dörffäer unbekanntes Wissensgebiet

bees böse

beesch beige

Beese-Buube-Daach Buß- und Bettag

𝕭embel Bembel

Unsern blau-graue, diggbäuschische Ebbelwoi-Krug
(Kann [Kanne]) aus Wesderwälder Steinzeusch, is in-
zwische leggendär. Seit de Fernsehsenndung **Der
blaue Bock** (1957 – 1987) mim Heinz Schenk, kennt
de Bembel in Deutschland fast jeeder. Fäer uns
Hesse is de Bembel kwaasi de heilische Gral, mit
dem mir unsern guude Gödderdrobbe ins Geribbde
neischidde.

De Bembel haaßt desdeweesche so, weil die Bem-
beln in de Ebbelwoikneibe, aach heut noch am
Hengkel uffgehonge werre, unn so e bissi vor sich
hie *bambeln*.

*De Bembel wärdd sollang an de Disch getraache,
bis die versoffen' Äbbelwoischnuud uff de Disch
brischt.*

Entlehnt aus der Redewendung: *Der Krug wird solange
zum Brunnen getragen, bis er bricht.*

---

beläbbäern, belebbern betrinken ("belebern")

beleidischd' Lewwerworscht "beleidigte

Leberwurst": eingeschnappter, gekränkter Mensch

beluurn, belubbäern 1. beobachten, belauern, erwischen 2. überlisten; jemanden übers Ohr hauen, betrügen.

Bennel, Bännel	Schnur, Band, Riemen
berabbe	(ungern) bezahlen
besoffe	betrunken

𝕭ethmännsche Bethmännchen

Nebbe *Frankfordder Kranz* zähle die **Bethmännsche** zu de beliebbdesde unn bekanndesde hessische Gebäggspezjalliteede. Grad an Weihnachde werre die klaane Marddzipaankucheln gernn g'esse. Die drei Mandeln obbedruff schdehe fäer die drei Buube von de frankfordder Fammilje Bethmann.

Anfang vom neunzehnde Jahrhunnerd solle die Bethmanns en Kondiddor von Paris bei sisch in de Kisch eigeschdellt habbe, wo die Bethmännscher gebagge hot. Unn von demm Franzsoos habbe die däs dann anschein'd iwwernomme. Nix Genaues waaß mer net.

Rezept: Bethmännsche

Zutaade:

- *250 Gramm Marddzipaan-Rohmasse*
- *50 Gramm halbierde Mandeln, geschääld*
- *20 Gramm Zuggäer/Puuderzuggäer*
- *Eiweiß - Roosewassäer*

Zubbereiddung:

1. Marddzipaan-Rohmasse mim Zuggäer unn midde bissi Roosewassäer schee dorschkneede. Dodedraus zwaa Zendimeeder digge, keeschelförmmische Kucheln formme.

2. Bethmännsche mit Roosewassäer bepinnsele unn drei halwe Mandeln midde Spitz nach obbe neidrigge.

3. Die Bethmännsche iwwer Nacht troggne losse. Am nächsde Daach den resdlische Zuggäer mim Eiweiß vermenge unn die Bethmännsche dodemit bepinnsele.

4. Die Bethmännsche uffen Baggblesch druffleesche unn bei 200 Grad solang im Oofe bagge, bis däss die Schbitze hellbraun sin.

beweibd Mann, der in einer heterosexuellen Partnerschaft lebt.

bibbäern   zittern

Bibbs   1. Erkältung 2. Piep, Mucks

Bibbsche   Kleiner Junge ("Bübchen")

biddseln   prickeln

Biddselwassäer Sprudelwasser

Biddzsa   Pizza

Biedschubbe veraltet für Disco ("Beatschuppen")

Neulisch beim hessische Idalljeener in de Biddzseria …

"Horschema Raffaello, mein Guuder! Woss is dann uff deere Biddzsa Kwaddroh Formatschie do druff?"

"Pizza Quattro formaggi … Vier verschiedene Käsesorten."

"Ei, dann nehmm isch die Formatschie-Biddzsa mit vier ma Handkäs druff."

Biffee   Büfett

Biffschdigg   Beefsteak

Biggel   Klicker, Murmel

De Schorsch unn de Harttmutt babbeln
Blesch ...

Säscht de Schorsch: "Hier, Harttmutt, lass uns ma bissi Blesch redde. Woss mäscht'n dei aal Biggs?"

"Ei die Biggs is doch mim Schrotthändläer aasgebiggst – ärschendso'n däddowierde Häwwie-Meddel-Bleschkobb."

"Ei ja, sei froh. Jetz kann däer die Biggs weenischsdens dei aal Bleschschissel net mehr ze Schrott fahre, gell."

"Genau so isses. Isch bin wärkklisch froh, däss isch net mehr fäer de dabbisch Knodderbiggs ihrn Schusselischkeit blesche muss."

biggobello	picobello, tadellos
Biggs, Bicks	1. Büchse 2. vulgär für Frau
billisch	preiswert, günstig
Bimmel	Klingel
bimmse	eintrichtern (bimsen)
Bischberer (Haamlischduer)	Geheimniskrämer („Flüsterer")
bischele	bügeln
bissje, bissi	bisschen

blääd, bleed	blöd
blääge	blöken, pöbeln
blaffe	anschnauzen
Blamaasch	Blamage
blemmblemm	verrückt, bescheuert

blesche finanziell für etwas aufkommen, Zahlung einer Entschädigung, für etwas ungern bezahlen

Blinzselbiensche	schüchterne Frau
bloddze	(Zigarette) rauchen
blöffe, bläffe	täuschen (bluffen)

Blummedibbe, Blummedibbsche, Blummeschäerbb
Blumentopf

Blundse Ein mit (Blut)Wurst gefüllter Saumagen

Bluudworscht	Blutwurst
Bobbekisch	Puppenküche
bobbele	schmusen, knuddeln
Bobbelsche	Kleines Kind
Bobbes(je)	Hintern, Gesäß

Hessische Bezeichnungen für *Gesäß*

Aarsch, Abbelbagge, Aftderballe, Bambelaarsch, Bobbes, Bollwergg, Bräder, Hinnerbagge, Hinnern, Hinnerschingke, Waggelaarsch

Boddem	Dachboden
Bohnestang	sehr dünner und großer Mensch
bolläern	poltern, lärmen
Bolle	runder Klumpen
Bollizei, Bullerei	Polizei
Bomboo	Bonbon
Bommelsche	kleine Kugel
Bommelmitz	Bommelmütze
Bomm Fritz, Bommes	Pommes frites
Borsch	1. Burg 2. Bursche/Bürschchen
Borschde	widerspänstiges (borstiges) Haar
Bosse mache	Dummheiten begehen

> **Hessische Bauernregeln und Reime**
>
> *Falle von de Beem die Blädder, gibbt's bald schonn wiedder Winderwedder.*
>
> *Fallen die Blätter von den Bäumen, kommt der Winter bald.*

bossele basteln

Börschemeisdäer, Bollemoschder Bürgermeister

Brabbes, Brambes, Brabbsch 1. breiige Speise, dicke Suppe 2. Morast, Schlamm, Matsch

Brand Durst, Nachdurst nach Saufgelage

Brass Zorn, Wut

Brädullje 1. in einer peinlichen, schwierigen Situation stecken 2. scherzhaft für französische Province

brabbelle vor sich hin brummeln, nörgeln

Breedsche Brötchen, Semmel

Brezzel 1. Laugengebäck 2. Kopf/Gesicht

Brezzelbuud mobiler Verkaufsstand für Laugengebäck

Brieh Brühe

Briehhingkel 1. Suppenhuhn

Briehpump Vieltrinker ("Brühpumpe")

Briggegiggel Brückenhahn

Der **Briggegiggel** ist das Wahrzeichen der Alten Mainbrücke in Frankfurt und untrennbar mit der Geschichte der Brücke verbunden.

1401 wurde auf dem Kreuzbogen der Brücke ein Kruzifix aufgestellt, an dessen Spitze sich ein goldener Hahn befand, der die Schiffsfahrer zur Achtsamkeit ermahnte, wenn sie ihr Schiff unter dem engen Brückenbogen hindurchnavigieren mussten. Im Laufe der Jahrhunderte musste der Hahn wegen eines Orkans, Kriegen und Diebstahl fünfmal erneuert werden.

Brimmborjum Brimborium

broddzse 1. beleidigt sein, schmollen, maulen 2. angeben ("protzen")

Bruchbuud heruntergekommene Behausung, baufälliges Haus

Bruddsch Schmollmund

brumm(e)lisch mürrisch

Brummäer 1. dickes Insekt 2. kräftige Person

Brunnebuddzser jemand, der niedere Arbeiten verrichtet; scherzhafte Bezeichnung für einen Wasserversorgungstechniker oder Klemptner

"Isch habb geschwiddzt wie'n Brunnebuddzser."

brunzse   urinieren

Witzischkeit

"Loddaaar! Mach disch enaus! Isch glaab, do brunzst aaner vor unsern Dier!"
"Ei de Babbsagg soll schelle, wanner woss will!"

bruzzele, bruddzsele   braten, kochen

Bubbädeed   Pubertät

Buddel   Flasche

Buggel   (krummer) Rücken

Buddzdeiwel Reinlichkeitsfanatiker(in), "Putzteufel"

buddzse   säubern, sauber machen

buddzeweis, butzeweis   bündelweise

Buddzlummbe, Buzzlabbe Putzlappen

Bummberei   Rauferei, Schlägerei

Bummbes(je) hörbare Flatulenz, (kleiner) Pupser

Bummslokaal   Kaschemme

bundisch   farbig, bunt

Lauder **beese Wördder** mit **B**

Babbelmaul Schwätzer

babbisch Guddsel lästiger Mensch, der an einem klebt wie eine Klette

Babbsagg ungepflegter und/oder unsympathischer/unangenehmer Zeitgenosse; oft auch scherzhafte Bezeichnung für einen guten Freund/-Kumpel.

Babbusch Schlampe

Babbschnuud dreckiges, ungepflegtes Kind

Bäerschder Ein Mann, der nur Sex will ("bürsten") und Geschlechtsverkehr mit häufig wechselnden Partnerinnen hat.

Bagaasch Gesindel, Sippschaft

Baggpeifegesischd Backpfeifengesicht

Ballsch (*Dreggballsch*) freches Kind

Bambelaarsch 1. Wackelhintern 2. schlaffer, energieloser Mensch, der sich schwerfällig und baumelnd fortbewegt

Bambelschnuud Großmaul; jemand mit losem Mundwerk

Bangkert früher: (ungewolltes) uneheliches Kind; heute: Schimpfwort für einen frechen Jungen

"De klaane Bangkert vaddäerd sisch." [Der Junge schlägt seinem Vater nach.]

Batschkumbel Hanswurst

Beddongkobb "Betonkopf", sturer Mensch

Beedschwestdäer (Schein)heilige Frau; Bezeichnung für eine prüde oder frigide Frau, die keinen an sich ranlässt

Beißzang unnachgiebiger, verbissener Mensch

Bembelbrennäer jemand, der sehr gern und viel Äbbelwoi konsumiert

Bembelkrämäer Faulpelz

Bembelschnuud jemand, der gerne Äbbelwoi trinkt

Beschissäer Betrüger

Bettverpissäer Angsthase

Bibberhannes 1. Angsthase 2. jemand der friert

Bimmbatsch steifer Tollpatsch

Bleedhammel Depp, Blödmann, Vollidiot

Bleschkobb sturer Mensch, Sturkopf

Bloasaarsch "Blasarsch"

Bohnesimbel großer Kerl, der so blöd wie er lang ist

Bollerkobb ungehobelter Grobian, der oftmals dazu noch aufbrausend (bollerig) ist.

Breegeldibbe Motzkopf

Brummeldibbe brummelige Person

Buckseschissäer Angsthase

Bürrohengst Schreibtischtäter

Bürroocks Chef

Butzwollkobb ungepflegter Langhaarträger

Witzischkeit

Baam Eldernawend säscht de Klassenlehrer zum Loddar: "Ihr Sohn benutzt ziemlich viele Kraftausdrücke in der Schule …"

Säscht de Loddar: "Däs is mer aach unbegreiflisch. Isch vermuud, de hundsverreggde Bangkert hot den ganze Scheißdregg ausem Indernett."

Hessische Lautmalerei

Die Hessen haben eine Vorliebe für lautmalerische Worte. Besonders **"babb"** oder **"battsch"** werden im hessischen Dialekt in vielen verschiedenen Kombinationen und Varianten verwendet:

Babbelmaul, Babber, Babbelwasser, babbisch, babbsadd, Babbsagg, Babbschnuud, battschisch, battschnass, Battschkummbel, Bimbattsch, Hallebattsch, Klummbattsch

 wie ?

In Hesse saache mir net:
"Bei unseren Nachbarn herrscht eine
Unordung und ein Chaos wie es schlimmer
kaum sein könnte."

In Hesse saache mir:
"Kerlle, wosse Dorschenanner.
Bei deene Wildsäu do dribbe sieht's aas
wie bei Hembels unnerm Soffa."

Grooß "C" duud weh

Däs is jetz so e Sach, gell. Ob mär's glaabt odder net, im hessische Dialeggd gibbt's kaa Wortt mim Anfangsbuchstabbe "C".

Däs lieht dadrann, weil mir Hesse däs hochdeutsche "C-", bei de meisde Wörddern, wie "K-" odder "Sch-" ausspresche, unn je nach Wortt, aach allsema mim weische "G" vornne. Bei Eischennaame odder Markkennaame wie *Coca-Cola*, *Capri Sonne* odder *Citroen* beischbielsweise, könnt mär baam Schreibe teoräddisch e Ausnahm mache. Es is e bissi Geschmaggssach, gell. Fäer misch wär däs nix. Weil dann könnde mer's mim Hessischbabbeln aach gleisch bleibe lasse, gell.

Beischbiele (Hochdeutsch – Hessisch):

Calzone	Kahlzone; Kallzoone
Cayennepfeffer	Schaajennpeffer
Chantal	Schanndall
Chaos	Dorschenanner (Kaoss)
Chiemsee	Kiemsee
Chilli	Schilli
Chinese	Schienees
Citroen	Zittdröhn
Clown	Kloon
Couch	Kaudsch
Chaise longue	Schässelong

(Ottomane)

Christbaum — Kristbaam, Tännsche

Christkind — Kristkindsche

Hessische Weisheiten und Lebensphilosophien

Je schlimmäer däs Weib, desdo scheener
die Kneip.
Je scheener die Kneip, desdo schlimmäer
fäer's Weib.

Hessisches Weihnachtsgedicht

Hoschema, woss kimmt von drauße nei!
Ei, es kann doch nur es Kristkinndsche sei.
Es bescheerd deem Hesse herzzhaffde Gaabe,
am Handkäs unn am Äbbelwoi soller sisch laabe.
Gebb em Ribbsche, Grie Sooß, e Ahle Worscht
unn en volle Bembel fäer de Dorscht.
Uff dässes de Hesse unn alle Mensche guud
ergeehd, unn e fröhlische Weihnachd nix
im Weesche schdeed.

D wie Dibbegugger

In Hessen we don't say:

"Don't worry, be happy!"

In Hesse saache mir:

"Bevor isch misch uffreesch,
isses mer liewer egaal!"

(And I think, däs basst wie Faust
uffs Greetsche, gell.)

Das hessische Diminutiv

Im hessischen Dialekt werden häufig Verkleinerungs-/Verniedlichungsformen verwendet. So wird aus einer *Salaadschnegg* ein *Salaadschneggsche*, aus einem *Frosch* ein *Fröschelsche*, aus einer *Katz* ein *klaa Kätzje*, aus einem *Bubb* ein *Bibbsche*, oder aus *Häusern* werden *schee Häuserscher* oder *Haiserscher*.

Der folgende Zungenbrecher, ist eines der bekanntesten und beliebtesten Reimgedichte der hessischen Mundart:

Sitzt e wärmmsche uffem Tärmmsche
middem Schärmmsche unnerm Ärmmsche.
Kimmt e Stärmmsche, weht däs wärmmsche
middem Schärmmsche unnerm Ärmmsche,
enunner von sei'm Tärmmsche.

Sitzt ein Würmchen auf einem Türmchen mit einem Schirmchen unterm Ärmchen. Kommt ein Stürmchen, weht das Würmchen mit dem Schirmchen unterm Ärmchen, runter von seinem Türmchen.

daab	1. taub 2. schwer von Begriff
Daach	Tag

Dabbe	Fußspuren, Fußabdrücke
dabbe	gehen, laufen
dabbisch	plump, ungeschickt
Dabeed	Tapete
Dachkennel	Regenrinne
daddele	spielen, zocken ("daddeln")
dadebei, dodebei	dabei, währenddessen
dadefoo, dodevonn	davon
dademitd, dodemitd	damit
däerr, derr	dünn

Hessische Lebensphilosophien

Liewer mim Bauch geschwabbeld,
als wie midde Knoche gerabbeld.

*Lieber mit dem Bauch geschwabbelt,
als mit den Knochen gerappelt.*

Dannegiggel	Tannenzapfen
Dascheduch	Taschentuch
Debbischglobbäer	Teppichklopfer
Deedz	Kopf
deesisch	schläfrig (dösig)

Deeskobb begriffsstutziger, unaufmerksamer
Mensch; Penner, Schnarchnase

degeesche, degeje	dagegen
Deggolldee	Dekolletee, Ausschnitt
dehaam	daheim, zuhause

Heimat

Dehaam is dehaam!

Nirgends ist es schöner als zuhause.

---

dehinnäer (dodehinner) dahinter

deigsle Schwierigkeiten mit Geschick überwinden ("deichseln")

Deiwel Teufel

denewwer daneben

desdeweesche deswegen, deshalb

dewäedderdoddzse, dodewedderdoddzse gegen etwas stoßen, prallen

Dialeggd Dialekt

Dibbe, Dibbsche Topf, Töpfchen

Dibbeguggäer Neugiernase; jemand, der aus Neugierde (heimlich) den Kochtopf abnimmt, um zu gucken, was es zu essen gibbt, bevor es fertig ist.

Dibbelbrudäer Landstreicher, Bettler

Dibbemess Frankfurter Volksfest

Die *Frankfurter Dippemess* ist das größte hessische Volksfest und weit über die Grenzen Hessens hinaus bekannt.

Die Dippemess findet zweimal im Jahr statt. Die **Frühjahrs-Dippemess** um Ostern herum, zeichnet sich durch eine bunte Vielfalt an Fahrgeschäften, gastronomischen Betrieben, Schau- und Spielbetrieben aus. Fester Bestandteil der Dippemess ist ein großes Festzelt, in dem unter anderem Live-Musik gespielt wird. Die **Herbst-Dippemess** findet eine Woche lang, Anfang September statt und hat ehr familiären Charakter mit weniger Fahrgeschäften.

Hessische Weisheiten und Lebensphilosophien

Klaane Dibbscher koche leischd iwwer.

Kleine Töpfchen kochen leicht über.

Dienschdaach	Dienstag

Die Wochentage auf Hessisch

Moondaach, Diens(ch)daach, Middwoch, Dunnerschdaach (Donnäersdaach), Freidaach, Samschdaach (Sammsdaach), Sunndaach (Sonndaach)

Dischblatt	Tischplatte
Dischdennis	Tischtennis

Witzischkeit

De Dennis fräscht es Schanndall bei de ersde Verabreddung: "Unn? Wass machstde so, mei Zuggäschneggsche?"

Säscht däs Schanndall: "Isch maach Dischdennis."
"Ei wass dann?! Isch bin ja aach en rischdische Wummeneiser. Mär nennt misch net umsonsd de Prinz Schaarming von Offebach, gell."
"Naa, du Bohnesimbel! Isch habb gesacht: Isch maach Dischdennis!"
Dennis: "Häää???"

---

dischdisch	tüchtig

Dischduch   Tischdecke

dischtd   dicht; betrunken

dissbediern meist lautstark und emotional diskutie-
ren; streiten

Dochdermann   Schwiegersohn

dodedorsch   dadurch

dodefäer, dadefier   dafür

dodedrum   deshalb

dodemitd   damit

dodezwische   dazwischen

Doddzbällsche   Springball

doddzse (uffdoddzse) aufprallen

dohingeesche   dahingegen

Dorffzeiddung, Daachebläddsche
1. Dorfzeitung 2. Mutter aller Tratschtanten

dormellisch   schwindelig (turmelig)

Dorscht   Durst
"Dorscht is schlimmer wie Haamweh!"

Dorschdel jemand, der sehr viel Alkohol trinkt

Dorschenannäer   Unordnung, Durcheinander

Dorschmarsch (Dinnpiff, Dinnschiss, en flodde Oddo)
Durchfall

Draafunzsel (Traafunzsel) Langweiler

"Haasegespreesch": **Smalltalk auf Hessisch**

Die **typischen Begrüßungs- und Abschiedsfloskeln** sind in Hessen kurz und bündig:

"Ei Guude, wie?" [Hallo, wie geht's?]

"Guude, unn selwer?" [Hallo, und selbst?]

"Beschisse is noch geprahlt. Unn bei dir?"

"Schleschde Leut geht's immäer guud, däs waaßtde doch. Alls weider, gell." [Immer so weiter.]

"Allerdann! Isch mach misch fott." [Also, dann! Ich muss jetzt gehen.]

"Blaab saubäer!" [Bleib anständig!]

"Ei wass dann?!" [Na klar!]

"Scheene Gruß dehaam." [Schönen Gruß an die Familie.]

"Guude!" [Tschüss!]

Dräbbschäer, Drebbscher   Tropfen

Dreggbier   Colabier

dribbdebach andere Flußseite (vom andern Ufer); Gegenteil von *hibbdebach* ("hibb(e)" i.S.v. "hüben"; diese Flußseite).

dribbe, driwwe   drüben

Driggeberjer   Drückeberger

driwwergebredderd
über etwas schnell hinweg(ge)fahren

drollisch   trollig

druff darüber, drauf. "Alls druff!" [Immer drauf!];
"Druff unn dewädder!" [An die Arbeit!]

druffgehaach   auf etwas draufhauen

Dubbe 1. Farbklecks, Punkt 2. leichter Dachschaden

Dudd/Dutt Tüte. "De Großduer gibbt aa wie e
Dudd voll Migge." [Der Hochstapler gibt an wie eine Tüte
voller Mücken.]

Duddebabbäer   "Tütenkleber", Taugenichts

Duhsel, Duusel   Glück, Trunkenheit

Dummbabbler   Dummschwätzer

dunnemols   damals

Dunnerschdaach   Donnerstag

Dunnerweddäer   Donnerwetter!

dungke   eintauchen, tunken

Hessische **Schimpfwörter** mit **D**

daab Hingkel, dabbisch Hingkel tollpatschige Frau
Dabbes   Tollpatsch, ungeschickter Mensch
Däerrabbel   hagerer, dünner Mensch
"De Däerrabbel is so däerr, dässer unner de Dusch vom aane Drobbe zum annern hibbe muss."
[Der "Dünnrappel" ist so dünn, dass er unter der Dusche von einem Tropfen zum andern hüpfen muss.]

Däämel   Einfaltspinsel, dämliche Person
Däämlack   eitler Dummkopf, Lackaffe
Däs Mensch abwertend für Frau; Frauenzimmer
Deeskobb   Begriffsstutziger, langsam (re)agierender Mensch, der vor sich hin döst
Debb   Depp
Dilldabb   Tollpatsch, Trottel
Dolles   Dummkopf
Dollbabbler Dummschwätzer
Dollbohrer   1. jemand, der nur Unfug und Blödsinn (Ferzz) im Kopf hat 2. umständlich handelnde Person

Doosekobb, Bicksekobb jemand, der nur Mädchen/-Frauen ("Büchsen") im Kopf hat

Dragonäer Bezeichnung für eine hexische, streitsüchtige Ehefrau; Hausdrachen

Dreggsagg Drecksack, Mistkerl; nicht immer böse gemeint: *"Ei Guude, ihr Dreggsägg!"*

Dreggschleudäer

1. jemand mit einem bösen Mundwerk

2. Fahrzeug mit Verbrennungsmotor, das zu viele Abgase ausdünstet

Dreggwaddz schmutzige Person

Druddler Jemand, der beim Essen kleckert

Duggmäusäer feiger Heuchler

dumm Dunnsel törichte, dumme Frau

Dussel Trottel, Tollpatsch

dusselisch' Hingkel Bezeichnung für eine tollpatschige Frau

Neulisch am Darmmschdädder

Hauptbahnhof ...

"Entschuldigen Sie bitte! Können Sie mir vielleicht sagen, wie ich von hier aus am schnellsten zum nächsten Zug komme?"

Säscht de Hoiner: "Nix wie enaus unn enuff unn eniwwer unn enunner unn enoi!"

E wie Ebbelwoi

In Hesse saache mir net:

"Ich kann dein ungebührliches Benehmen nicht gutheißen. Vielleicht solltest du mal in dich kehren und dein Verhalten überdenken."

In Hesse saache mir:

"Isch glaab, dir brennd de Kiddel!"

ebissi, e bissi	ein bisschen
eerooddisch	erotisch, sexy

Eihoschema!

In Südhessen und auch im mittleren Teil hört man häufig das Wort *Ei*. Damit ist natürlich nicht das Frühstücks-Ei gemeint. Im Hochdeutschen gibt es für dieses Wörtchen kein eindeutiges, passendes Gegenstück. Je nachdem in welchem Zusammenhang *Ei* verwendet und wie dieses **Empfindungswort** betont wird, kann es Erstaunen, Zustimmung, Anteilnahme oder Ungeduld ausdrücken, oder aufmunternd gemeint sein.

Die folgenden Übersetzungen treffen daher nicht hundertprozentig zu und stimmen nur annähernd überein:

Ei?! "Na?!"

Ei Guude (,wie?) "Na, hallo, wie geht's?"

Eihoschema! (Ei, horsch e ma) "Na, hör mal!"

Ei saachema ... "Also, sag mal ..."

Eiderdaus! (Ei der Daus) Ausdruck des Erstaunens

Ei sischer!; Ei ja! Zustimmung: "Na klar!", "Na logo!"

Ei wass dann?! "Ja, was (ist) denn?!"; "Ist (doch) so; "Stimmt doch." / "Ist doch wahr."

Ei jei jei (jei-jei-jei-jei)! wird unter anderem verwendet i.S.v. "Owei, owei!", "Was für ein Mist.", "Ach, du dickes Ei!", "Herjemine!"

Ei i.S.v. "Oh Mann!" oder "also"

Weitere Beispiele:

"Ei, däs därff doch wohl net wahr sei!"
"Ei, däs habb isch doch gesacht!"
"Ei, du Labbeduddel!"

eischearddisch   eigentartig

Ebbel, Äbbel   Äpfel

Ebbelwei-Expreß

Sonderlinie der Frankfurter Straßenbahn, in der das hessische Nationalgetränk ausgeschenkt wird.

Anfangs- und Endpunkt ist die Wendeschleife am Frankfurter Zoo. Von dort fährt der Ebbelwei-Expreß durch die Altstadt, vorbei am Römer und durch das Bahnhofsviertel zum Hauptbahnhof. Von da fährt er weiter zur Messe und Festhalle, wo der Zug wendet und zurück zum Hauptbahnhof fährt. Danach überquert er den Main, vorbei am sachsenhausener Ebbelwoiviertel. Anschließend führt die Route zurück auf die nördliche Seite des Mains, bis der Ebbelwei-Expreß wieder den Zoo erreicht und nach einer viertelstündigen Pause eine neue Runde beginnt.

Ebbelwoi   Apfelwein

ebbes   etwas

eeschelereeschend   ekelhaft, Ekel eregend

eewe, eebe   eben, jetzt; *"Eebe habbe mer's."*

eewedrum   aus diesem Grund

Eideggsefudder   ausländisches Essen ("Eidechsenfutter")

Eigeplaggder, Oigeplaggder Fremder/Zuwanderer, der in Hessen heimisch geworden ist

eiloche inhaftieren, ins Gefängnis stecken, einsperren

eisäggele   einheimsen, kassieren

elaans   allein

Ellebembel   darmstädter Straßenbahn

emol   einmal

enannäer   einander

enei, eninn, enoi hinein

eninnzuus nach innen; hinein

eniwwer hinüber

enuff, enuffzuus hinauf

Erbbs 1. Erbse 2. Kopf; *„Du host doch aaner an de Erbbs!"* [Du spinnst doch!]

Erbbsezähläer kleinliche, pedantische Person

Erddäbbel Kartoffeln (Erdäpfel)

erinn, eroi	herein
erumfuhrwergge	planlos hantieren
eweggbuzze	alles aufessen
eweil	einstweilen
ewengk, ewingk	ein wenig (e bissi)

Eleggdriddzideed Elektrizität

"Babba!"

"Wass dann?!"

"Wass is Eleggdriddzideed?"

"Däs kann isch däer saache, mein Bubb: Eleggdriddzideed is, moins mit Hochspannung uffschdehe, mit Widderstand uff die Abbeid gehe, de ganze Daach geesche de Stroom schwimme, gelaade haam komme, unn wenn de an die Steggdoos baggst, bekimmstde aaner gewischd, däss däer die Bäernn glüht. Dann brenne aam irschendwann die Sischerunge dorsch unn es is zabbedusder."

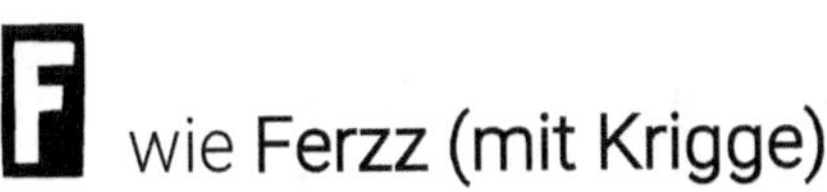 wie **Ferzz** (mit Krigge)

In Hesse saache mir net:

"Du hast einen Mückenstich am Gesäß. Der ist ziemlich rot und groß. Sieht nicht schön aus."

In Hesse saache mir:

"Mein liewer Scholli! Do hostde awwer'n mordds Flattscher am Bobbes!"

Hessische Aussprache

Konsonanten werden in der Regel weicher ausgesprochen (*budderweisch*), als im Hochdeutschen.

Beispiele Hochdeutsch – Hessisch

butterweich	bu**dd**erweisch
Faltenrock	Fall**d**ero**gg**
Gartenarbeit	Ga(r)**dd**ea(r)**bb**eid
na**ck**ig	na**gg**isch
Pa**p**a	**B**a**bb**a
Pap**p**de**ck**el	**B**a**bb**ede**gg**el
Putzlappen	**B**u**dd**zla**bb**e
Ran**z**en	Ran(z)**s**e
Spaghetti	**S**chba**g**e**dd**i
Spatz	**S**chba**dd**z
za**ck**ig!	za**gg**isch!
Zu**ck**erschne**ck**e	Zu**gg**äschne**gg**(sche)

Bei Wörtern wie "Ort" oder "Wort", bei denen auf einen Vokal der Buchstabe **r** folgt, wird das **r** im hessischen Dialekt entweder gar nicht ausgesprochen oder bestenfalls gemurmelt oder verschluckt.

Beim Schreiben muss das **r** nicht zwingend weggelassen werden, solange man die kurze, knackige

Aussprache solcher Wörter durch ein, auf das **r** folgende, **-tt** zum Ausdruck bringt.

Beispiele: Ortt, Wortt, Geh fott!, Pottmonee [Portemonnaie], Schbortt, Gaddeabbeid

Doch selbst weiche Konsonanten sind so manchem Hessen noch nicht weich genug. So wird so manches **b** oder **bb**, auch gerne mal als **w** oder **ww** ausgesprochen –, wenn es zwischen zwei Vokalen steht:

A**bb**eid	A**ww**eid	Arbeit
ge**bb**e	ge**ww**e	geben
o**bb**e	o**ww**e	oben
Roi**b**e	Roi**w**e	Rüben
si**bb**e	si**ww**e	sieben

Wörter wie *Babba*, *Schobbe*, *Debbe*, *Dibbe* oder *Babbegei* werden hingegen immer mit **bb** geschrieben und auch so gesprochen.

fä', fär, fäer, fer, fier 1. für 2. Verwendung anstelle der Vorsilbe "ver-": "Färbreschäer", "färdäschdisch", "färkliggern", "färhunzse" ...

> **Immäer, wenn die Omma ze Besuch kimmt,** beguggt se sisch die Blumme uff de Fensderbank unn säscht: "Gieß allsema dein' Kaggduss, sonstd fädäddädä!"
>
> "Hä?"
>
> "Ei, du solls' dein' Kaggduss gieße. Sonst wäddädädä!"
>
> *Gieß mal (hin und wieder) deinen Kaktus, sonst vertrocknet (verdorrt) er dir. (Sonst wird er dir dürr.)*

Fabb, Farbb	Farbe
Fäermlisch	förmlich, geradezu
fäerschdäerlisch (foschba)	fürchterlich
fäerzeh	vierzehn
fäerzisch, färddsisch	vierzig

Feescher 1. Handfeger 2. hübsches Mädchen, das sich herumtreibt

ferddisch	fertig
Fernnseh, Fäernseeh	Fernsehapparat

Ferzz Unsinn, Unnötiges *"Däs sin doch Ferzz mit*

Krigge!" [Fürze/Unsinn mit Krücken]

Fiddsel, Fitzzel, Fiddselsche Zipfel, Fetzen

"Mach mer ka Fissematende!"
Mach keine Fisimatenten!

Zu Beginn des 19. Jahrhunderts, als Hessen von Frankreich während des Napoleonischen Krieges besetzt war, sagten die französischen Soldaten häufig zu den hessischen Mädchen: "Visitez ma tente" [Besuche mein Zelt]. Daraus entstand der Begriff "Fisimatenten", was soviel bedeutet wie: "Mach keinen Blödsinn/Unfug."

Vermutlich ist das Wort schon im 16. Jahrhundert entstanden, als es beim Ausstellen von Offizierspatenten (*franz.:*"visae patente") zu unnötigen Komplikationen und Verzögerungen kam.

fix unn ferddisch erledigt; kaputt, erschöpft sein

fleedze herumlümmeln

Flaaschworscht Fleischwurst

Flaggersche Lagerfeuer, Kerzenflamme

flenne weinen, heulen

Fliescher Flugzeug

Flogge Geld

floggisch locker

fobbe	hereinlegen, übers Ohr hauen
Flunsch	beleidigtes Gesicht ziehen
Fluurschaadetreeder	sehr große Füße/Schuhe

Fluurschaadetreeder sehr große Füße/Schuhe
("Flurschadentreter")

Flutsche, fluddsche rutschen, schlittern, gleiten

fottlaafe, fottmache weggehen, abhauen

𝕱raa Rauscher Frau Rauscher

Die Fraa Rauscher soll im 19. Jahrhunnderd im Frankfordder Äbbelwoi-Vierddel Sachsehause, in de Klabbergass gewohnt habbe. Ihrn Naame hot die aal Dorrzelgreed wahrscheinlisch dadeher, weil se gernn unn viel Äbbelwoi geschluggd hot unn reeschelmeeßisch berauscht war wie e haggeduddeldischde Volleul.

Laut Verzählunge soll die aal Rauschern annem Sonndaachnachmiddach midde digge Beul am Kobb uff de Gass geleeje habbe, wodedriwwer sisch e baar Kinner iwwer die armm Fraa lusdisch gemacht habbe.

En flischdbewussde Bollizissd (wo vermuttlisch net aus de Geeschend war) hot glei aas de Migg en Ellefand gemacht unn is deere Sach uff de Grund g'ange.

De Bollizissd wollt wisse, ob die Fraa Rauscher sisch weeschem Äbbelwoi uff die Brezzel geleescht, odder ob der ihrn Ehemann de Fraa Rauscher aaner uff de Nischel gehaache hot. Am annern Daach hot de Vorfall aach schonn in de Zeidung drinn geschdanne, unn die Leud habbe sisch übber die Frankfordder Bollizei halb schebb gelacht, gell.

Im Nofemmber 1929 hot de Frankfordder Grafigger **Kurt Eugen Strouhs** aus deere Geschichd e Gedischd geschribbe. Unn weil die Frankfordder Kanne-wallisde (im Geeschesatz zu de Meenzsern) noch kaan rischdische Gassehauer gehabbt hadde, hot irschend en Frankfordder Lobbiemussikand korzzer-hand dadezu e schee Mellodie kombonierd, wodraus die bis heut wohl bekanndesde Äbbelwoi-Hümmne entschdanne is:

"Die Fraa Rauscher aus de Klabbergass,
die hot e Beul am Ei.

Obb's vumm Rauscher, obb's vumm Alde kimmt,
däs kleerd die Bollizei (...)"

Frankfortt am Maa Frankfurt am Main

Mit mehr als 773.000 Einwohnern ist sie die bevölkerungsreichste Stadt Hessens und die fünftgrößte Deutschlands. Sie bildet das Zentrum des Ballungsraums Frankfurt mit mehr als 2,3 Millionen Einwohnern. In der Metropolregion (Rhein-Main-Gebiet) leben etwa 5,8 Millionen Menschen.

Es is kaa Schdadt uff de weide Weld,
wo mer so wie mei Frankfortt gefällt.
Unn es will mer net in de Kobb enei,
wie kann en Mensch net von Frankfortt sei?!
(frei nach Friedrich Stoltze, Frankfurt-Gedicht, 1880)

Frankfordder Schlabbmaul

Fäer'n Frankfordder is däs kaa Beleidischung, weil däs nix anneres haaßt, als wie däss mär schlaachferddisch is unn so babbelt wie aam die bambelisch' Gosch gewaggse is.

Frankfordder Grie Sooß Grüne Soße

Seit em 19. Jahrhunnerd zählt die Grie Sooß zu de kullinaarische Schbezjaaliteede von de tradditzjonell Frankfordder Kisch unn hot, wie die Ahle Worscht, däs EU-Präddikatt g.g.A. (geschützte geografische Angabe)

Fäer die Grie Sooß braach mer folschende Zutaade:

- *Sibbe Kräudern: Boretsch, Kärbbel, Kresse, Päddersillje, Pimbenelle, Sauerampfer, Schnittlauch*
- *4 hardde Eier*
- *500 Gramm saure Sahne*
- *Je en Esslöffel Essisch unn Eel*
- *Salz, Peffer, Semmpf*

Zubbereiddung:

1. Kräudern wäsche, buddzse unn klaa hagge.

2. Hardde Eier schääle unn in klaane Wärffelscher schnibbele.

3. Saure Sahne mit Essisch unn Eel verriehre unn midde Kräudern unn de Eiern färmenge.

4. Mit Salz, Peffer unn Semmpf abschmegge

Ferddisch! Dodezu isst mär am besde Kwellmänner.

Frätzje	Kindergesicht; Fratz

Fressaasch Esswaren, Fressalien; *"Die Fressaasch fäer die ganz' Bagaasch."*

Frierkatz	frierender Mensch
fuffzeh	fünfzehn
fuffzisch	fünfzig
fuggse	sich ärgern

Funzsel 1. schwache Beleuchtung 2. abwertende Bezeichnung für eine Frau; *"Mach die Funzsel aas, du Funzsel!"*

fusselisch	fusselig
Fuzzi	Kleiner; der Kleine

Hessische **Schimpfwörter** mit **F**

Facksemachäer Spaßvogel; jemand, der Faxen macht und nur Unsinn im Kopf hat

Fäddel schlampige Frau

Farrisäer 1. Scheinheiliger (Pharisäer) 2. Hochmütiger Heuchler

Fatzge eingebildeter Vornehmtuer/Schönling

Feuäermeldäergesischd jemand, der ein Gesicht zum Reinhauen hat.

Flabbsch, Flapps dicklicher Junge

Flabbes flatterhafter, flapsiger Mensch

Flittsche leichtes Mädchen

Forzzkist 1. derb für Gesäß/Hintern 2. klappriges Auto

Forzzpromillekist stark alkoholisierte Person; "Die Forzzpromillekist hot wieddäer de Aarsch voll."

Freibiergesischtd jemand, der überall dort auftaucht, wo es etwas umsonst gibt

Frotzeler lästert gerne über andere

Fuddkobb Trottel, Idiot (derb: "Fotzenkopf")

Fulder, Fuldäer 1. unkultivierter Primitivling, Flegel, Rüpel 2. Bewohner von Fulda

Funzsel abwertende Bezeichnung für eine Frau

Hessische Sprüche und Redensarten

Isch wurdd schdargg unn grooß
mit Gardoffeln unn Grie Sooß!

*Ich wurde stark und groß
mit Kartoffeln und grüner Soße.*

Eikaafszeddelsche

(Woss mär ebbe so braach, gell.)

1 Kasde Frau Rauscher

1 Kasde Blauer Bock

5 Killo Krumbeere, Geeleriewe, 8 Handkäs

250g Mettworscht, 2 Pund Uffschnitt

3 Ribbscher, 1 Kringel Flaaschworscht

Bluudworscht, 250g Lewwerworscht

6x grobbe Braadworscht, 1 Briehhinkel

500g Wutzebobbes, Haddekuche

10 Weck, 6 Krebbel, 5 Brezzel

Riwwelkuche, Schoggelaad, Budder, Brood

Semmpf, Latwersch, Fußlabbegemies

Knusberzeusch, Päcksche Huusdeguudsje

Kischedischdiescher, Buddzlumbe

Kloobabier

 wie Geläersch

In Hesse saache mir net:

"Kevin-Malte! Wärst du mal bitte so nett,
und würdest dein Zimmer aufräumen?
Däs wäre total lieb von dir."

In Hesse saache mir:

"Räu'ma gefällischsd dei Dreggbuud uff,
du Schluurie, sonsd flieht dein Klummbaddsch
morsche uff die Mülldebbonie."

GRAMMATIK: **Der hessische Komparativ**

Bei Vergleische verwende mir anschdatt **als** entwedder **wie**, odder mir hänge an däs **als** noch en **wie** hinnedraa:

"Die Tannde Gerdda is viel älder **wie** däs Ägnes."

"De Loddar kann mehr Äbbelwoi schlugge **als wie** de Schorsch."

Selbst de guude Geede [Göthe], konnt sei hessische Herkunft net verleuschne unn hot de *Faust* saache lasse: "Da steh ich nun, ich armer Tor, und bin so klug, **als wie** zuvor."

Mit Vergleische drigge mir aach allsema Lebbensfillosofien unn Weisheide aus:

"Liewer Äbbelwoi wie Biergebräu."

"Liewer Dregg am Schdegge, als wie im Dregg drinn schdegge."

"Liewer e braadbaanisch Seggredärin wie en engschdärnnische Scheff."

"Liewer Sommerschbrosse, als wie gar kaan Gesischdspunkt."

gaagelisch	wackelig, schwankend
gabbiddo?!	kapiert?!
gaaläern	herumalbern, raufen
Gaaß	Geiß
gaawäern, gaabäern	sabbern
Gaawerlätzje	Latz für's Kleinkind

Gabuff kleiner, enger Raum mit wenig Platz und eingeschränkter Bewegungsfreiheit

Gardde	Garten ("Schaddeng")
Gardoffelschdämmbes	Stampfkartoffeln
gaschdisch	unfreundlich, garstig
Gäulsflaasch	Pferdefleisch
gauze	bellen, stark husten

Gebabbel Gespräch, (unnötiges) Gerede, Geschwätz

Gebläerr, Gebläerrzze Lärm, Geschrei, Gekreische

Gedeens	Gehabe, Aufwand
Gedruwwel	Gedränge
Geduddel	eintönige Musik
geele Riewe	Karotten ("gelbe Rüben")

> # Geh fott!
>
> Der Ausdruck bedeutet in der Regel nicht "Geh weg!" oder "Lass mich in Ruhe", sondern ist vielmehr ein Ausdruck des Erstaunes im Sinne von "Ach, wirklich?", "Ist nicht wahr?!", oder auch: "Ach, hör doch auf! Das gibt's ja nicht." ("Komm, geh fott!") Der Ausspruch drückt Zweifel, Entrüstung oder Ablehnung aus.
>
> Die Aufforderung zu gehen hingegen, bringt der Hesse entweder mit "Mach disch fott!" oder mit "Mach disch ab!" zum Ausdruck.

geescheriwwer	gegenüber
Gefrozzel	Neckereien (frozzele)
Gefuddel	Gefriemel
Gegrein	Geheule
Gejuggel, Gezuggel	langsames, wackliges
Fortbewegen	
gekenntd	gekannt
Geknoddel	undurchschaubares Geknäule
Gekreisch	Schreierei
Gekwellde	Pellkartoffeln ("Gequellte")

gelaafe gelaufen, vorbei sein

gelaggmeijerd angeschmiert, geschädigt, betrogen

Geläerrsch Kram, Gerümpel (*Gelummbs, Klumm-battsch, Krembel, Gerimmbel*)

gelle, gell

Gell benuddze mir Hesse zimmlisch oft, gell. Mir saache aach allsema "gelle?" odder nur "gä?", wass so viel bedeude duud wie, "nicht wahr?", "stimmt's?", wenn hinner dem Wörttsche e Fraachezeische schdeht.

Ohne Fraachezeische wäerd en Satz mit *gell* kwaasi bekräffdischd.

Gell am Satzende heißt in de meisde Fäll aach, däss mär ferddisch mim Satz is.

"Gell, du host misch gelle gernn? Gelle, isch disch aach! Gelle, wann isch lache duu, gell dann lachstde aach!", is en ganz bekannde Karnnewallsschlaacher von 1965, von de Frankfordderin *Margit Sponheimer.*

Gemiedlischkeid Gemütlichkeit; Es Lebbe kann so oifach soi, mit Gemiedlischkeid unn Äbbelwoi.

Gemies Gemüse

Gemoje!, Gemorsche, Guude Morsche
Guten Morgen!

Gemuschelde Camembert mit Zwiebeln und
Paprika zerdrückt

Hessische Reime

*"Guude Abbo, guude Abbedidd! Nix
vertruddelt, nix verschitt."*

Guten Appetit! Nichts verkleckert, nichts verschüttet.

Genacht!	Gute Nacht!
genungk, genuch	genug
gerabbelt voll, gerammeld voll	sehr voll
Geribb(t)de	Apfelweinglas
gestobbtd	überfüllt
Geschäerr	1. Geschirr 2. Unsinn;
Geschnärggsel	Verzierung, Schnörkel
Gesoggs	Lumpenpack
Geuschelknäbbsche	Kehlkopf
Geworschtdel	Unordnung, Wirrwarr
Giggel	Hahn
Giftzeddel	Schulzeugnis

| giggele | herumalbern, kichern |
| Glubbschaache | Glubschaugen |

Göde (Geede) Johann Wolfgang von Goethe

Unsern greeßde deutsche Dischder war gebürddisch von Frankfortt, unn es schbrischt einisches dadefier, däss der aach Hessisch gebabbelt hot. De Geede hot nämlisch so mansche Zeile geschribbe, wo sisch nur in de hessische Mundartt reime deede.

So säscht däs Greetsche im **Faust** beischbielsweise: "Ach neige, Du Schmerzensreiche ..." (nei**sche** – Schmerzens**reische**)

Woannerst im Faust schdeht: "Wie Himmelskräfte auf und niedersteigen. Und sich die goldnen Eimer reichen." (niederstei**sche** – rei**sche**)

Wo de Geede noch net so bekannd war, hot der en Gasthaus in Weimar besucht. De Geede hot sein' Naame genannd unn de Gastwärtt hot de neue Besucher als "Geede" in sei'm Gäsdebuch nodierd.

Goggel 1. (Trut)Hahn 2. Scherzhafte Bezeichnung für die Internet-Suchmaschine *Google* („Guggel")

goldisch	niedlich, nett, hübsch, süß
Gorgge, Gurgge	Gurken
Grabba	beliebter Tresterbranntwein
grabbsche	1. nach etwas greifen 2. jemanden, in

einer als unangenehm und belästigend empfunden-
en Weise anfassen (begrapschen)

Gräädediersche kleiner Fisch ("Grätentierchen")

Grie Sooß Grüne Soße (hessische Spezialität:
Frankfordder Grie Sooß)

Griffel, Griwwel abwertende Bezeichnung für die
Finger bzw. Hände

gritzegrau Steigerung von grau

Grindschnuud jemand, der Herpes hat
(*Knuutdschpest*)

Grobbe großer Topf

Grotz(e) 1. Gurgel 2. abgenagtes
Apfelkernstück

gugge schauen, hinschauen

Guggelschäer Augen (Äuglein)

Gummäer 1. Gurke 2. Bezeichnung für eine
große Nase

Gummifudd 1. Sexspielzeug für Männer 2. Gummi-
schale zum Anrühren von Spachtelmasse

Gusch, Gosch Mund/Maul

Guude! Hallo, Guten Tag; Tschüss, Auf Wiedersehen.

Däs Guude an *Guude* is, däs mär däs sowohl bei de Begrießung, wie aach bei de Verabbschieddung saache kann. Däs is unkombliziert, unn mär erspartt sisch Zeid dorsch unneedische Flossgeleie. Däs Wortt kaan mär aach mit nur aanem **u** (*Gude*) odder aach so schreibe: *Guuuudeee!*

Guutsje   Bonbon

Hessische **Schimpfwörter** mit **G**

Gaabäerlies(je), Gaawerliesje sabbernde(s) Frau/Mädchen

Gewidderhex   streitsüchtige Frau (Gewitterhexe)

Giftniggel gehässiger, ungenießbarer, streitsüchtiger Mensch

Giftschissäer   zänkische Person

Grindkobb jemand, dem der Eiter (Grind) seiner Gedanken sprichwörtlich durch die Schädeldecke hindurchdringt.

Groschepetzer   Geizling

Grooßduhäer   Großkotz, Angeber ("Großtuer")

HESSISCHES GRUNDGESETZ

§ 1 Bevor isch misch uffreesch, isses mer liewer egaal.

§ 2 Däs Schdöffsche muss ins Geribbde.

§ 3 Mir tringke jo net fäer de Schbass.

§ 4 Wenn mir gebbe, gebbe mer gernn unn reischlisch, abber gebbe duun mir nix.

§ 5 Mir strunze net, mir habbe.

§ 6 Es gibbt nix Schleschdes, außer mär mäscht's.

§ 7 Wenn's Äbbelwoi reeschend, muss mär en Bembel debei habbe.

§ 8 Mär waaßes net, mär mungkeld nur.

§ 9 Mär nimmt, woss mär krieje kann.

§ 10 Hauptsach, es basst dorsch de Hals unn mäscht schwinnelisch.

§ 11 Wann de Handkäs g'esse is, isser g'esse.

§ 12 Liewer ze viel g'esse wie ze weenisch getrungke.

§ 13 Es wäerd g'esse, woss uff de Disch kimmt.

Die Gebrüder Grimm aus Hanau

Goethe war bei weitem nicht der einzige Hesse, der sprachlich was auf dem Kasten hatte. Die aus Hanau stammenden **Gebrüder Grimm** dürfte wohl jeder kennen. Die Kinder- und Hausmärchen der beiden Sprachwissenschaftler und Volkskundler **Jacob Grimm** (1785–1863) und **Wilhelm Grimm** (1786–1859) sind weltberühmt. Die Brüder Grimm gelten außerdem als Mitbegründer der Germanistik, und wahrscheinlich waren sie auch des hessischen Dialekts mächtig.

So könnte man sich däs Märchen **Rotkäppchen und der böse Wolf** auch in hessischer Mundart vorstellen. Eine parodierte Unterhaltung zwischen Rotkäppchen und dem bösen Wolf könnte beispielsweise wie folgt aussehen:

Roodkäbbsche unn de beese Wollf

Däs Roodkäbbsche dabbt dorsch de Walld unn sieht de beese Wollf, wo mit sei'm zoddelische Kobb ausem Gebisch nausguggt.

„Ei ween habbe mär dann daaa?!", säscht däs Roodkäbbsche. „Guude! Endlisch lärnn isch dischema perseenlisch kenne. Mär häert jo so einische Geschischde iwwer disch ... Ei, du bist ja inzwische bekannd wie'n bunde Hund ... Hoschema! Wass isch disch schonn immäer ma fraache wolld: Wieso host

---

dann du so grooße Aache?!"

Säscht de räudische Hund: „Kerlle naa! Kann mär hier dann neddema in Ruh kagge, oddä wass?!"

„Tschulldischung, däs wusst isch net."

„Schonn guud. Wo mäschst'n hie, Meedsche? Woss hostde dann do in dei'm Körbbsche drinn verschdeggelt, hä?"

"Nur en Handkäs unne Flasch Äbbelwoi."

"Deen Handkäs kannstde däer selwer fresse. Wossen däs iwwerhaabt fäer e Wärmmscherbrieh do?"

"Däs issen guude Knaddel-Daddel."

"Woooooss? Deen kannstde mer glei do losse."

"Naa, deen muss isch bei die Omma duun, die hot geschwollene Baa unn digge Fieß."

"Die all Dorrzelgreed soll ma net so viel schlugge. Her middemm Gesöff, auf! Jetz loss disch doch net so bidde, Kerlle naa!"

"Kanns' mer gradema de Buggel nunnäerruttsche, du Zoddelkobb. Isch habb kaa Zeit fäer so dolle Ferzz, unn jetz hal'dei babbisch Gosch unn loss misch gefällischst zefriedde, du bleeder Hund. Guude!"

"Mein liewer Scholli. Isch maan allsema die klaa Aarschkrott hodde ganz schee Schlabbmaul du."

 wie Huddel

---

In Hesse saache mir net:

"Lisa-Sophie, es wäre mir ganz recht,
wenn du dich ein wenig beeilen
könntest. So langsam müssen wir
mal los."

In Hesse saache mir:

"Hammersbald?!"

Hä?

Ebenso wie "Ei!", geht "Hä?" in Hessen kurioserweise als vollständiger Satz durch und bedeutet: "Wie bitte?", "Was?", "Ich habe Sie/dich nicht verstanden."

haggeduddeldischd	sturzbesoffen
haache	hauen
haamlisch	heimlich
haamzuus	heimwärts
Haasegeschbreesch	Small-Talk
Haggelsche, Haggelschäer	Zähnchen

Hal' dei Maul! "Halt's Maul!"

Der Ausdruck ist nicht in jedem Fall eine derbe Aufforderung an sein Gegenüber den Mund zu halten, sondern kann im hessischen Dialekt ironisch oder sogar liebevoll gemeint sein.

"Hal'dei Maul" kann positives Erstaunen oder Ungläubigkeit ausdrücken, ähnlich wie "Geh fott!", im Sinne von "Das gibt's ja gar nicht" oder "Unfassbar!"

Hammersbald?! ("Hammer's bald?") "Haben wir es bald?" 1. Ausdruck von Ungeduld 2. scherzhaft: Der nordische Gott der Ungeduld

Handkäs mit Mussigg

Handkäs mit Mussigg

Unser Natzjoonalgerischd aus gereifdem Sauermilschkäs, isst mär zesamme mit nem derbbe Bauäernbrood, Budder unn Äbbelwoi. Die Zwiwweln sorsche nachem Verzehr fäer die Mussigg.

Zutaade:

- 4 Orgginaal Frankfordder Handkäs, dorschgcreift
- 4 Esslöffel Öl - 8 Esslöffel Weinessisch
- 4 Esslöffel Äbbelwoi
- 4 Zwiwweln - Salz, Peffer, Kimmel

Zubbereiddung:

1. Essisch, Öl unn Äbbelwoi in de Schissel middenanner verriehre, bissi mit Salz unn Peffer wärzze unn in klaane Wärffelscher geschniddene Zwiwwelscher dodebei duun.

2. Die Marrinaad iwwer de Handkäs schidde unn däs Ganzse zwaa Schdunnde gehje losse.

3. Vorm Serwiere bissi Kimmel driwwer gebbe.

Häppsche, Häbbsche kleine Mahlzeit

Hassbel 1. Haxe 2. Textilmaschine

heiäern, heijäern heiraten

Heija Bett; schlafen gehen.

Häerrndeggel Schädel

hibbdebach hüben (nördlich) des Bachs (des Mains); Gegenteil: *dribbdebach* – südlich des Mains. Je nachdem in welcher Region man wohnt, sind die Bezeichnungen auch umgekehrt gebräuchlich.

hibbe, hübbe springen

Hessische Reime

Wo sin se, die Linse? Im Dibbe se hibbe. Se koche drei Woche, sin alls noch hardd wie'n Knoche. Ei degg se zu, dann habbe se Ruh.

---

hibbelisch unruhig, nervös

hiesisch hiesig

Hietraachbrett Tablett ("Hintragebrett")

higgeln auf einem Bein hüpfen

Hingkel Huhn

Hessische Weisheiten und Lebensphilsophien

Aus ungeleeschde Eier
schlubbe kaa Hingkel.

Aus ungelegten Eiern schlüpfen keine Küken (Hühner)

Hingkelsbrieh Hühnersuppe

hinnenaach hinterher

hinnersch(de)ferrerschd falsch herum
"Das hintere Teil ist vorne.": Wenn man beispiels-
weise einen Pullover falsch herum anzieht, sodass
der hintere Teil vorne ist und das vordere Teil hinten.

hinnzuus auf dem Weg zu (...)

hobbele springen

hogge sitzen

Hoosedreeschäer Hosenträger

Hobbela! Ausruf der Verwunderung (Hoppla!)

Hobbskäs kleiner Junge

horschema, horschemol Bitte um Aufmerksamkeit,
"Hör mal zu"

Hubbel 1. Schwellung an der Haut 2. kleiner Hügel,
Erhöhung

Huch! (hajeeh!, Härjeeh!, nao!) erschreckter Ausruf

Huddel Murks; Ergebnis einer vermurksten Arbeit

huddele oberflächlich arbeiten, meist unter Zeitdruck

Hugg(e) vollhaache   verhauen

hunne   hier unten

hurddisch   schnell, eilig

Huusdeguudsje   Hustenbonbon

Hessische **Schimpfwörter** mit **H**

häerrndaab schwer von Begriff ("hirntaub"), stur

Haggklötzje Dorftrampel; unsensible Person ("Holzklotz")

Hallebatsch ungeschickter, schwerfälliger, adipöser Tölpel

Hammbel Mann, der unter der Fuchtel seiner Frau steht

Handkässtämmer jemand mit großer Klappe, der nichts drauf hat und sich selbst überschätzt

Hannebambel 1. (gutmütiger) Trottel; Kasper 2. Ehemann, der den Molli mit sich machen lässt (Pantoffelheld)

Hännsel Hanswurst; *"Der lässt de Hännsel mit sisch mache."* (Er lässt sich ausnutzen.)

Hansdabbes Tollpatsch, ungeschickter Mensch

Hätschelbibbsche   Muttersöhnchen

Heggeschissäer	Angsthase
Hinnedruffhängäer	unliebsames Anhängsel
Hinnäerfotzäer	hinterhältiger Mensch
hinnäerfotzsisch	hinterhältig
Hitzegiggel	leicht erregbare Person
Huddelweibbsche (Hutzelweibsche)	altes, kleines Frauchen
Huddläer	Pfuscher
Hutzelmännsche, Hutzelmännesje	kleiner, betagter Mann, der vom Leben gezeichnet ist

---

De Loddar war eikaafe: Zwaa Kissde Bier, drei Kissde Äbbelwoi, zehn Handkäs, zwaa Pund Uffschnitt, sibbe Ribbscher unn e Bagett. Säscht sei Fraa: "Saachema, bekomme mir Besuch?"

"Naa, wiesouuu?"

"Ei, wass willstde dann mit demm vielle Brood, du Simbel?"

 wie Ilmetritsch

---

In Hesse saache mir net:

"Digga', was' das denn für'n Goofy?"
[Jugendsprache: Goofy = Trottel, Tollpatsch]

In Hesse saache mir:

"Wassen Dilldabb!"

Dialekt im Wandel: ü odder i? Däs is hier die Fraach

Ei, jetz bassema uff!

Mansche Leud saache, im hessische Alfabeed wördd's kaan **ü** gebbe unn mir deede Umlaude wie **ü**, **ö** unn **ä** net kenne odder net ausspresche. Abbäer däs is Kabbes!

Es schdimmt aach, däss mir Wördder, wo im Hochdeutsche mit **ü** geschribbe werre, in de meisde Fäll, entwedder wie e korzz **i** odder wie e langgezooche Gaugummiiiiiie babbeln, gell. Däs is zum Beischbiel bei folschende Wörddern de Fall: *Schdrimmb* [Strümpfe], *Biggs* [Büchse], *nadierlisch* [natürlich], *mied* [müde], *nitzlisch* [nützlich], *iwwerall* [überall] unn noch ganz viele annern.

Mir Hesse versuche uff jeede Fall däs **ü** ze vermeide, awwer es geht ebbe net immäer.

Isch habb bei uns schonn Leud "Schüssi", anschdatt "Guude" saache heere, awwer noch nie erlebbt, däss aaner "Schissi" bei de Verabschieddung gesäscht hot.

Meisdens erschließt sisch die Bedeudung von aanzselne Wörddern zwar ausem Satzzesammehang, gell, awwer mär sollt sisch doch guud iwwerleesche, ob mär aus em *Schüler* en *Schieler* mäscht, aus em *Függsje* e *Figgsje*, odder aus de *Schüssel* e *Schissel*. Bei de Klooschissel wördd's jo aach basse, gell.

Bei de ganzse Teemaddigg däerf mär aach de Spraachwanndel net vergesse. Die äldere Genneratzjoon, wie mei Omma, babbelt noch Ur-Hessisch wie vor hunnerd Jahrn. Heut wird im Rhein-Maa-Gebied in de Reeschel mehr **Reggjoleggd** [Regiolekt] gebabbelt – Ei, reggjoonaale Umgangsschbraach, gell. Dodebei kimmt, däss die äldere Genneratzjoon de Dialeggd net an die Jingerre weider gebbe duun, unn batsch, schonn habbe mer de Worschtsaalaad!

Ei wass dann? Die heudische Juuchend verworschdelt ja net nur die deutsche Schbraach mit englische Wörddern, die dengke sisch aach alls neue Wortt-kreatzjoone aas unn erfinne die Grammaddigg neu. Desdeweesche komme so schebbe Dingäer dadebei raus wie: "Digga', ich geh Kirmeszelt chillen, Alter."

Unn dann komme zu demm ganzse Deesassder aach noch die verriggde Schännderfäddischissd-*Inne* um die Egg unn verhunzse, zerhaggschdiggele unn vergewalldische die deutsche Schbraach dermaaße, däss mär maant die hädde all die Schligges [Schluckauf] odder'n Dubbe du. Unsern guude Geede unn aach die Brüdern Grimm deede sisch im Graab umdrehe, däs kann isch däer saache.

Es is aach völlisch noormaal, däss sisch Schbraache midde Zeid verännern duud.

Abbäer wenn mir Hesse schänndern wördde, käm

däs em kuldurelle Färfall gleisch. Mir verkrotze jeedefalls net unsern Dialeggd mit Wörddern wie: Babbsägg *Innen, Labbeduddel *Innen, Hannebambel *Innen, Dilldabb *Innen odder beleidischd' Lewwerworscht *Innen. Sch'glaab's geeht loos, gell. Wenn isch däs schonn lees, könnt isch grad die puudelnaggisch Kränk krieje.

Umso wischdischer isses heutzedaach, unsern Schbraachschatz ze erhallde unn weider ze gebbe, däss de hessische Dialeggd net ärschendwann von de Spraachbollizei, odder von irschendwelsche Lingualaggrobaade ausgeroddet wäerd.

Iddagger / Idalljeenäer Italiener ("Itaker")

Ilmetritsch unbeholfener Mensch

De Ilmetritsch (odder *Ilwetritsch*) is schlischd unn ergreifend en Dilldabb unn in de Faabel en voochelähnlisches Feddervieh. Übber die genaue Worttherkunft sin sisch Experdde uneinisch. Mär könnt en Ilwetritsch als schrääsche Voochel bezeischne, wo en Dubbe hot.

in Peddo "in petto": 1. etwas auf Lager haben, zu etwas fähig sein 2. etwas bewusst zurückhalten, um es später überraschend zu präsentieren

innduss intus; "Wieviel hostde dann wieddäer induss, du Schnabbsdrossel?!" [Wieviel (Alkohol) hast du denn wieder getrunken, du Schluckspecht?!]

irschendwann	irgendwann
iwwel	übel
iwwer (üwwer, übbäer)	über
lwwergescheider	Besserwisser
iwwerisch	übrig
iwwerischens	übrigens
lwwerkanndiddelder	überdrehter Mensch
iwwerleesche	überlegen
iwwerzwersch	überdreht, überzogen
iwoo	ach was, keinesfalls

Säscht die Omma: „Saachema! Gibbt's dann heutzedaach iwwerhaabt noch normaale Leud, wo Ribbsche Schnitzel unn Worscht esse, oddäer fresse die Däerrabbel nur noch Haasefuddäer unn saufe flissisch Gemies?!"

 wie Jobbelsche

---

In Hesse saache mir net:

"Mensch, sei doch nicht gleich eingeschnappt. Es war doch nicht böse gemeint."

In Hesse saache mir:

"Jetz schbiel ma net die beleidischd' Lewwerworscht, du Jammäerlabbe."

Kerlle, wasse Jammäerlabbe

In Hesse saache mir zum Beischbiel ehr net: "Was herrscht denn hier für ein Chaos?"

In Hesse saache mir entwedder "Wass fäer'n Dorschenanner!" odder "Wasse (Wass e) Dorschenanner!"

Wass isch eusch dodemit verkliggere will: Mir lasse däs **für** in dem obbe genannde Fall meisdens fott (**Wass e** = *Was ein*). Gleischzeidisch schreibe mir däs *Was* unn däs *ein* als ein Wortt, weil die zwaa Wördder beim Babbeln flissisch innenanner iwwergehe: **Wasse** Gligg!

Beischbiele Hochdeutsch – Hessisch

Was für ein Weichei	**Wasse(n) Jammäerlabbe**
Was für ein Mist	**Wassen Scheißdregg**
Was für ein Rüpel	**Wasse(n) Fulder**
Was für ein Gefriemel	**Wasse Gefuddel**
Was für ein Murks	**Wasse Huddel** ("Morks")
Was für ein Geröll	**Wasse Geräusel**
Was für ein süßes Baby	**Wasse goldisch Bobbelsche**
Was für ein Schmeichler	**Wasse Possierlabbe**

jabbse	japsen, hecheln
Jammäerlabbe	"Jammerlappen", Weichei
Jannuaa, Jannwaa	Januar
Jesses naa!, Jesses nochemol!	erschreckter Ausruf; Ausruf der Verwunderung
jetzz, jetzzisch'	jetzt; der/die/das jetzige (...)
Jobbelsche	Jacke, Strickjacke
juchdze, juchzze	jauchzen
jugge	jucken
juggele, sich (aanäer) abjuggele	1. hin und her schaukeln 2. sich abmühen
Juggs unn Dollerei	Spass

Neulisch am Hähnschewaache ...

"Guude! Isch hätt gernn en halbe Braadgiggel, fäer zum Mitnehmme, gell."

"Däs mäscht dann ölf Euro."

"Wooos?!", säscht de Kunde erschrogge. "Ihr habbt jo Preise wie am Fluuchhaafe, Kerlle naa!"

"Wass willst'n mache, gell? Je mehr de Giggel wiescht, desdo deurer."

"Ei du Labbeduddel, dann nehmm doch die Knoche naus, dann isses billischer!"

 wie Krawallschachdel

In Hesse saache mir in de Bäggerei net:
"Tach, ick hätte jeerne zwee Pfannkuchen, wa!"
Unn aach net: "Grrieß Gott mittanond. I bekumm
zwoa Krapfen, goi."
Unn aach net: "Jooten Daaach. Isch möösch jään
zwei Berliner!"
Unn ersd reschd net: "Hello! I would like to have
two of these jam donuts, please!"

In Hesse saache mir:
*"Lassema zwaa Krebbel riwwerwaggse,
du Baggstubbschnegg!"*

kaafe	kaufen
kaaner	niemand
kabbele	sich streiten
Kabeusje, Kabuff (Gabuff)	kleiner, enger Raum mit wenig Platz und eingeschränkter Bewegungsfreiheit
Kabbo	Chef
Kaddongg	Karton
Kaff	kleines Dorf
Käersch	Kirche
Käerschemischel	Kirschenmichel
Käerschhoff	Friedhof

Kall, mei Trobbe! "Karl, meine Tropfen"

Diesen berühmten Ausspruch aus der Fernsehserie *Familie Hesselbach*, hat Mama Hesselbach regelmäßig dann verwendet, wenn ihr beim Disput mit ihrem Mann Karl, die Argumente ausgingen und einen Schwächeanfall vortäuschte.

Der in der Serie gesprochene Dialekt ist bewusst moderat gehalten (Medienhessisch), sodass er auch für Menschen außerhalb Hessens gut verständlich war und ist.

Karrammboolaasch	Zusammenprall
Kärriworscht, Kirriworscht	Currywurst

kasche	ergreifen, verhaften
Katzeköbb	Basaltpflastersteine
keeschle	kegeln
Kerb (Kärbb)	Kirmes

Kerlle naa!

Für diesen Ausdruck gibt es im Hochdeutschen keine genaue Übersetzung. Außer den Hessen sagt niemand "Kerle nein!", wenn er sich über etwas ärgert oder aufregt. Der Ausdruck kann am besten mit "Verdammt noch mal" übersetzt werden und tritt meistens dann in Erscheinung, wenn man einer Sache überdrüssig und emotional erregt ist. Wenn ein Frankfurter auf diese Weise flucht, wird's meistens ernst: *"Kerlle naa! Jetz langt mär's abber grad."* [Verdammt noch mal. Jetzt reicht es mir aber!]

Kerllsche	(kleiner) Mann
Kerrnsche	kleiner Wagen, Karren
Käerschel	Müll, Abfall
Kenn(d)el	Dachrinne
Kessefligg(ä)er	Gas- und Wasserinstallateur, Heizungsbauer
Kingkerlitzje	Albernheiten, Nichtigkeiten

Kinn(ä)er Kinder

Kinners eine Gruppe von Leuten, jedoch nicht unbedingt Kinder

Kinnerschees Kinderwagen

Kischedisch(disch)diescher "Küchentisch-Tischtücher", Tischdecken für Küchentische

Kiddelscherzz Küchenschürze, Kittelschürze

klaa Knoddel kleine, zierliche Person, die man gern hat und am liebsten knuddeln möchte

klaa (Laus)Krott kleines Mädchen ("Kröte")

klaaner Krotz kleiner Junge

klaaschnibbele klein schneiden

Kladderaddaddsch Haufen Müll/kaputtes, unbrauchbares Zeug

klebb(ä)ern eine Flüssigkeit (meist mit dem Schneebesen) schlagen

Kligger Murmeln

Kliggäerwassäer Mineralwasser

Kloobärschd Klobürste

Kloowe (en Kloobische) schwerfälliger, plumper Mensch (meist ungeschickt und tollpatschig)

Klummbe 1. Klumpen 2. Bonbon

Witzischkeit

Säscht de Obba zu de Omma: "Saachema, Gerdda ... Wo is dann die neu' Klobäerschd hie?"

Säscht die Omma: "Ei die habb isch fottgeschmisse. Däs Scheißding hot immäer so gekraddzt am Bobbes."

Knaadsch   1. Matsch 2. Streit

knabbse   unfreiwillig sparsam leben

Knaddäerbicks 1. Schlafmütze ("Schlafbüchse") 2. Bezeichnung für eine nymphoman veranlagte Frau, oder eine Frau die häufig Geschlechtsverkehr hat.

Knärrnnsche   Beule

Knäebb   Knöpfe

Kneibsche, Knibbsche kleines Küchenmesser

Kneip Wirtshaus, Gaststätte, Schenke

Knerrzje, Knärrzje (Knoarz) erstes und letztes Stück eines Brotlaibs

Kniddel, Knoddel   Schiss, Exkrementklumpen

Knoddler   Tüftler

Knolle   1. Bonbon 2. Nase

knorzze eine Tätigkeit schlecht ausführen

Knorzäer ein ungenau arbeitender Mensch (auch: "Huddler", "Fuddler")

knuddelisch "knuddelig": 1. zerknüllt 2. umarmen, drücken

Knuudschäer Küsschen

Knuutschpest Herpes

Koggeloores 1. Unfug, Unsinn 2. Geschwätz, Getue ("Kokolores")

Kolder Wolldecke

Konfirmandebläsje hat jemand, der häufig zur Toilette muss.

Kobb Kopf

Korzze 1. Schnäpschen 2. kleiner Junge

kotdzse sich übergeben

Kraaneberjer, **Kraaneberscher (Kraanewassäer)** scherzhaft für Leitungswasser

Hessische Titulierungen für die Frau

aal Scheggel, Diggmadamm, Dorrzelgreed, Dragoner, Fregatt, Knalldibbe, Knodderbiggs, Krawallschachdel, Reff, Traatschtande, Schnedderededd, Zankdibbe, Zimberliesje, Zussel, Zumbel, Zuggäschneggsche.

Krebbel, Krebbelsche(r)

Schmalzgebäck (*Berliner, Krapfen*)

Däss bei uns de Krebbel so haaßt wie e haaßt, däs is fäer alle Hesse e ganz klar Sach. Awwer net jeedem Auswärddische is däs aach klar.

Im Rheinland, wie aach in viele annern Reggjoone, haaßt de Krebbel *Berliner*.

Die Berliner nenne ihrn Krebbel awwer net *Berliner*, sonnern verriggderweise *Pfannkuchen* ("Berliner Pfannkuchen"). Unn däs, woss mir unner Pannekuche verschdehe, nenne die *Eierkuchen*.

Die Bayern dodegeesche saache zum Krebbel *Krapfen*.

Fäer die Verwirrung kombledd ze mache, gibbt's aach noch den *Rheinländischen Krapfen*. Das is so zimmlisch alles, awwer nur kaan Krebbel odder *Berliner*. Weil die Dinger viel klaaner unn aach net mit Latwersch [Pflaumenmus] odder Scheelee gefüllt sin; dodefier awwer allsema Roosiene enthalde.

Mir Hesse saache **Krebbel** unn wisse uff jeede Fall, wass dodemit gemaant is, gell.

kreische	schreien
kriehje	bekommen
Krischer	laut heulender Schreihals
Krischdsche	Krüstchen
kritdzele	malen, zeichnen
kroine	weinen
Krott	Kröte
Krumbeern, Krumbeere	Kartoffeln
krumbelisch	zerknüllt, zerknittert
Kruschelkist	Krimskram-Kiste
Kruschelschubblaad	Küchenschublade mit vielerlei Inhalt und buntem Durcheinander
Kuddelmuddel	Durcheinander
Kusseng, Kussäng	Vetter, Cousin

Hessische Weisheiten und Lebensphilosophien

Komm isch heut net, unn aach net morsche, komm isch sischäer iwwermorsche.

Komme ich heute nicht, und auch nicht morgen, komme ich sicher übermorgen.

Hessische **Schimpfwörter** mit **K**

Kabbesbabbler jemand, der keine Ahnung hat und Unsinn redet

Kesselfliggäer *"Die zangke sisch wie die Kesselfliggäern"* bedeutet, dass Leute heftig und lautstark miteinander streiten

Kimmelspalder   kleinkarierter Pedant

Kimmäerling   zu klein geratene Person

Kischedischvonunnedabbezierer
Küchentisch-von-unten-Tapezierer

Aaner, wo de Kischedisch von unne dabbeziere duud, is en Hannebambel, wo beim Hausdrache unner de Fuchdel schdeht. En guudmiedische Ehemann, wo de Hambel mit sisch mache lässt.

Schdatt mim schebbe Buggel geduggd unn uff de Kniescheibe unnerm Disch rumzekrabbele, sollt mär allsema uff de Disch haache unn Fraggduur redde [Klartext reden/Ein Machtwort sprechen], däss de zank-dibbische [xanthippische] Dragoner net de Molli mit aam mäscht.

Knaadschkobb schlecht gelaunter, verdrehter Mensch

Knäulkobb   Dickschädel, sturer Mensch

Knillsch unangenehmer Mensch; unliebsamer, meist zu kurz geratener, kleinwüchsiger (Gift)Zwerg

Knoddäerbiggs   eine knotterige Frau

Krakeeler, **Krageeläer** lauter, polternder Hausbewohner, Unruhestifter

Krawallschachdel streitsüchtige (Ehe)Frau

Foschbare Pärsohn (in de Reeschel e zornngiggelische Fraa), wo schdänndisch uff Krawall gebärschd' is, sisch alleridd weesche Ferzz uffreescht unn in de Geeschend rumplärre unn zeedere duud, däss aam die Lauscher fottflieje.

Am besde geht mär in Deggung unn streggt demm aal *Zankdibbe* die Hinnerbagge entgeesche.

Ähnlische Wördder: *Knodderbiggs*, *Gewidderhex*, *Dragoner*

Kribbel   sturer Bock, Mistkerl

Krimmelkaggäer Kleinkarierter Pedant

Kristkindsche   naiver Mensch

Krollekobb unzufriedener Mensch, bei dem es im Inneren brodelt und der vor sich hin grollt

Kuhrindekaggäer Pedant ("Korinthenkacker")

Kwadraadaarsch jemand, der sich mit seinem breiten Hintern breit macht

Kwadraadsimbel Steigerung von Simbel

So mancher Hesse versteht es, aus einer Not eine Tugend zu machen und ist dabei mitunter sehr einfallsreich und kreativ ...

Säscht die mollisch Diggmadamm zum Kossdiemverleiher: "Isch wördd gernn diss Jahr uff de Fassenacht als Schneeflöggsche gehe."

De Verkäufer beguggt sisch die Fraa von obbe bis unne unn säscht: "Däs könnt e bissi schwierisch werre, bei Ihne Ihrm Figiersche, gell. Awwer wardde Se ma ... Isch hätt da e ganz schnuggelisch Kossdiemsche fäer Sie. Falls die Näht dann irschendwann uffbladdze sollde, gehe Se halt ebbe als Schneelawien."

"Ei däs'se guud' Idee!"

 wie Lewwerworscht

In Hessen we don't say:

"I love you!"

In Hesse saache mir:

"Schatzebobbes! Dir deed isch mei letzt' Worschtschnibbelsche gebbe."

Unser Worttschatz is gewalldisch, schenne mir uns ma im Land. Ei da sin so mansche Wördder von uns Hesse weldbekannd:

Olwel, Babbsagg, Schlabbmaul, Schluurie, Dussel, Grollekobb.

Schdoffel, Dilldabb, Hannebambel, Simbel, Dibbe, Wasserkobb.

Fulder, Dreggwaddz, Bimmbatsch, Huddler, Deeskobb, Riwwelaarsch.

Almei, Bangkerd, Dreggschibb, Bleschkobb, Knodderbiggs, Bagaasch.

Zimberliesje, Dibbegugger, Zumbel, Worschtadleed.

Dadrann sieht mär, däss vom Schenne nur der Hesse wass verschdeht.

(Frei nach Heinz Schenk & Günter Strack: "Ja wir Hessen", 1980)

Laadäer	Leiter
labbeduddelisch	schlaff, lasch, lustlos; träge/müde sein oder eine Aufgabe lasch, langsam und energielos ausüben
Labbe	Tuch, Lappen Führerschein
Labbing	Kaninchen

Hessisches 5-Gänge-Määnü

1. Große Bembel Äbbelwoi

2. VORSCHBEIS 1: Worschtpladde mit 15 verschieddene Worschtsordde: Uffschnitt, Lewwerworscht, Flaaschworscht, Bluudworscht, Ahle Worscht, Mettworscht, guude Buddä, Brood

3. VORSCHBEIS 2: Handkäs mit Mussigg

4. HAUPTGANG: Ribbsche mit Kraut. Wahlweise Klooß mit Sooß odder Braadgardoffeln, Kwellmänner, Eier unn Grie Sooß

5. NAACHDISCH: Zwaa Krebbel, Äbbelwoi-Tiramisu, Frankfodder Kränzje (Odder fäer de klaane Hunger: Äbbelwoi-Törttscher), Dass Kaffee

laafe	laufen
lahmaarschisch	extrem langsam
lammendiere	nörgeln, (be)klagen, jammern
Latäernn, Ladernn	Laterne
Latwersch	Pflaumenmus
latzze, laddze	zahlen, etwas bezahlen

lauschbern	lauschen
lebbäern	1. trinken 2. ansammeln

Lebbe geht weider!

Diesen Spruch kennen Fußball-Fans in ganz Deutschland. Er stammt von der Trainer-Legende von Eintracht Frankfurt, Dragoslav "Stepi" Stepanović, den der gebürtige Serbe bei einem Interview 1992 sagte, als die Eintracht am letzten Spieltag auf dramatische Weise gegen Hansa Rostock verlor und die Meisterschaft verspielt hatte. Damit brachte er zum Ausdruck, dass das Leben trotz schwerer Rückschläge und herber Niederlagen, weiter geht und es möglicherweise schlimmeres im Leben gibt.

lebbsch	sehr schwach (gewürzt)
Leo	Zigarettenstummel
Lewwerwäerschtsche	beleidigte Person
Lewwerworscht	Leberwurst

Hessische Sprüche und Weisheiten

Die Jungfraa unn die Lewwerworscht
bleibe eewisch unerfoscht.

Die Jungfrau und die Leberwurst bleiben ewig
unerforscht.

Lieschebeudel, Lieschebeidel Lügner

Lillibuddaanäer Lilliputaner, kleinwüchsiger Mensch

luggiluggi Augen auf und wachsam bleiben

Lullatsch großer (schlacksiger) Mann

lunse heimlich gucken, spicken

Manchmal nützen auch Fremdsprachenkenntnisse nichts ...

En auswärddische Schduudendekobb trifft zwaa hessische Bauäern uffem Feld unn erkundischt sich nachem Weesch. Die zwaa Bauäern beachde deen Ruggsaggturrissd abbäer net unn schaffe alls weidäer.

Säscht de Auswärddische: „Entschuldigung, sprechen Sie Deutsch?"

Schweische ...

„Excuse me, do you speak English?" – „Parlez-vous français?" – „Parli italiano?" – „Hablas español?" – „Polski?" – „Dansk?" – "Nederlands?"

De Auswärddische is am End mit sei'm Ladein, schiddeld mim Kobb unn mäscht sisch fott.

Do säscht de aane Bauäer zum annere: „Hostde däs jetz gehäertd, Walder? De Kerll babbelt sibbe Fremdspraache, du. Saachehaffd."

Säscht de anner: „Unn? Woss hot demm schduudierde Iwwergescheide däs jetz genitzt?"

Hessische **Schimpfwörter** mit **L**

Laama 1. Langweiler 2. langsamer Mensch
Laatschgiggel eitler Fatzke ("stolzierender Hahn")
Labbaarsch Schlappsack

Labbeduddel

1. energieloser, unmotiverter, schlaffer, schwerfälliger, lustloser Mensch
2. ursprünglich: Vorläufer des Baby-Schnullers. In alten Zeiten, als es noch keine Schnuller gab, nahm man ein zusammengedrehtes (*uffgeduddeldes*) Tuch, welches man in Zuckerwasser oder auch Alkohol tunkte, um Kleinkinder zur Beruhigung daran saugen zu lassen.

Lahmaarsch langsamer Mensch, dem man im Gehen die Schuhe besohlen kann
Lumbesagg, **Lumbesäggel** (**Lumbefissel**)
hinterhältige Person, Lump, Halunke, Dieb, Gauner
Lusche Niete, Schwächling
Luschekobb, **Luschedeggel** Schwachkopf

 wie Maamauerbaabambeler

In Hesse saache mir net:

"Einen Augenblick, bitte."

In Hesse saache mir:

"Moooomendema!"

GRAMMATIK: So **mache** mer däs!

Die am häufigsten gebrauchten Hilfsverben im hessischen Dialekt sind "machen" und "tun".

"Duu däs fott.": "**Tu** das weg.", "Leg das weg."

"Isch deed saache ...": "Ich **täte** sagen ...", "Ich würde sagen ..."

"Isch mach misch haam.": "Ich geh' heim."

"Isch mach misch nuff.": "Ich gehe nach oben."

"Isch mach misch **zu de** Omma", "Isch geh **bei die** Omma": "Ich gehe **zur** Oma."

"Mach, däss de fottmachst.": "Sieh zu, dass du wegkommst."

"Mach disch verriggd.": Meint das Gegenteil: "Mach dich nicht verrückt!"

"Mach mer nur kaa Bosse!: "Mach mir keinen Ärger!", "Mach keinen Unfug!"

"Mach net so digge Ärmm!": "Gib nicht so an!"

"Mach disch fott!": "Geh!", "Hau ab!"

"Mir mache ins Bett" haaß net, däss mär ins Bett brunzse duud, sonnern däss mär schloafe geht, gell.

"Ei, wo machst'n hie?": "Na, wo gehst du (denn) hin?"

Maa Main

Maabootsche "Mainboote": übergroße Schuhe

Maabrigg Mainbrücke

Maache Magen

Maamauerbaabambeler jemand, der auf einer Mauer am Main sitzt und die Beine baumeln lässt ("Mainmauerbeinebaumler"). Die heutige Jugend würde "chillen" sagen.

maan(e) meinen, glauben, vermuten

Maahne ein rundes, ovales oder eckiges Weidengeflecht, das im Gegensatz zum Korb breiter als hoch ist.

Mägges 1. Max 2. Abkürzung für McDonald's 3. Prolet

Maggarien Margarine

Maggarooni, Maggeronni Makkaroni

Maddekuche Käsekuchen, Quarkkuchen

Maddsches, Maddschiss Matjes

Maddsel|aache, Matzel|aache verklebte Augen, "Matzelaugen" (Matzel: zähe, weiße Flüssigkeit in den Augenwinkeln)

Mais Mäuse

mallad krank, kränklich

mantsche mischen, mengen

Märsche, Märschäer Märchen

Mässääschdäschää Messerstecher

Massel Glück

mauschele mogeln, tricksen

Meedsche, Meedscher Mädchen

Membel derb: weibliche Brust

mer, mir wir (**mär** = man)

merggwörddisch merkwürdig

Hessische Redensarten

Mär waaßes net, mär mungkeld nur.

Man weiß es nicht, man mutmaßt (erahnt es) nur.

---

meschugge verdreht im Kopf, kirre

Mettworscht Mettwurst

Migg Fliege

miggedormmelisch so taumelig (schwindelig) wie die Flugbahn einer Mücke/Fliege

Miggeschiss eine unwichtige Kleinigkeit; "Mach doch net aas jeedem Miggeschiss en Ellefanndeforzz!"

mied müde

Mienz Katze

minannäer miteinander

minnesdens   mindestens

Einige hessische Titulierungen für den Mann

Babba, Babbsagg, Fulder, Hannebambel, Kerll,
Laatschgiggel, Morddskerll, Possierlabbe

Mistkaut (Buddelkaut) Jauchegrube

mobbelisch   dick

mobbse   heimlich entwenden

moinsdeweesche (maanetweesche) meinetwegen

morje, morsche   morgen

mojenns   morgens

Moin, Moind   Morgen; Guten Morgen

Mooomendema!   Moment!, Stop!, Halt!

moosern   nörgeln

mordds riesig, groß, gewaltig; "Isch habb en mordds Kohldampf." [Ich habe großen Hunger.]

muffelisch 1. schlecht gelaunt 2. schlechter Geruch

Muggefugg Kaffeeersatz; französisch: *Mocca faux* (falscher Kaffee)

muggelisch   kuschelig, gemütlich

mullmisch   mulmig, unheimlich

Hessische **Schimpfwörter** mit **M**

Mammakindsche Kind, das ständig am Rockzipfel seiner Mutter hängt und sich ausheult
Miesepeeder Miesmacher, Spaßbremse
Mobbel, Mobbelsche Moppel; dickliche Person
Motzkobb Motzkopf
Muffegängäer Angsthase, Feigling
Muffelkobb, Muffkobb schlecht gelaunter Mensch

Neulisch beim MäckDonnald in Offebach

"Willkommen bei McDonald's, Ihre Bestellung bitte?!"

"Guude! Isch hätt gernnema e schee Braadworscht. Fäer zum Mitnehmme, gell."

"Äh, Sie sind hier bei McDonald's?!"

"Ei, dann gebbe Se mer halt ebbe en MäckRibbsche mit Kraut unn däs Handkäs-mit-Mussigg-Määnü unn dodezu en ungeschbriddzde Äbbelwoi im geribbde Babbedeggelbeschäer, ohne Schdrohhalm!"

N wie Niggeläusje

Witzischkeit

Säscht de Vadder zu sei'm sibbejährische Sohn: "Hoschema, mein Bubb, isch muss däer ma ebbes saache: De Osderhaas unn de Niggelaas, däs war immäer isch geweese."

Säscht de Bubb: "Ei däs waaß isch doch schonn lang. Nur net de Klabberstorsch. Däs war de Ongkel Schorsch."

naa	nein
Naachel	Nagel
nachenannäer	nacheinander
Nachtkabb	Schlafmütze
naggisch	unbekleidet, nackt
narrisch werdde/werre	sich wie verrückt freuen
Nawwelfigger	selbstverliebter Mensch (derb: "Nabelficker")
näemmäer, nimmäer	nicht mehr
nehmme	nehmen
Neischlubbschuhn ("Hineinschlüpfschuhe")	Pantoffeln

newwenannäer, näebbenannäer	nebeneinander
newwenausgehe, nebbenausgehe	fremdgehen
newwelisch	neblig
Nibbes	Ramsch
Niggeloos, Niggeläusje, Niggelaas	Nikolaus
Niggersche mache	sich kurz hinlegen zum Schlafen
niwwer (üwwer)	(hin)über
noochet	nachher
nuff	rauf
nuffzuus	aufwärts

Hessische Gedichte und Weisheiten

Fährt de Niggelaas mim Renndierschlidde dorsch de Wald, freut eusch, es Krischdkind kimmt bald.

Isses drauße eisisch kald, de Niggelaas sisch en heiße Äppler in die Bäern neiknallt.

Lasst uns froh unn munder soi. Äbbelwoi – Hals enoi!

Lusdisch, lusdisch fallera-lall-laaa ...
De Niggelaas, de alde Suffkobb, is aach schonn wiedder blaa!

wie Offebäscher

In Hesse saache mir net:

"Wegen der hohen Preise können wir momentan keine großen Sprünge machen."

In Hesse saache mir:

"So Ferzz könne mir uns mommendaan net erlaube unn misse unsern Flogge bissi beisammehalde. Mir könne hier net de Offebäscher mache."

Obbacht (gebbe) Vorsicht!; aufpassen (*Uffbasse!*)

obbe oben

Offebacher/Offebäscher gebürtiger Offenbacher; Einwohner der Stadt Offenbach am Main

"Krieh die Kränk, Offebach! Die Staa binne se aa, die Hunde lasse se laafe."

Dieses bekannte Zitat aus dem 19. Jahrhundert stammt angeblich von einem Frankfurter Handelsmann, der im Winter auf der Messe in Offenbach war und auf der Straße von einem Hund angegriffen wurde. Als er mit einem Stein nach dem Hund werfen wollte und feststellte, dass der Stein festgefroren war, soll er den obigen Ausspruch lautstark geschimpft haben.

Ollwel tollpatschiger oder einfältiger Mensch

Oos Luder (Aas)

Orschel 1. Orgel 2. Oberursel: Neben Bad Homburg, die zweitgrößte Stadt im Hochtaunus. 3. Bezeichnung für eine dumme Frau ("dumm Orschel")

Owwäermotz, Obbäermotz Boss, Betriebsleiter, Vorgesetzter, Projektleiter

Owwäerstibbsche Oberstübchen, Gehirn

owwedriwwer, obbedruff obendrüber, darauf

Hessische Aussprache von Städtenamen	
Bensem	Bensheim
Buddsbach	Butzbach
Dammschdadd	Darmstadt
Dillebursch	Dillenburg
Frankfortt / Frankfodd	Frankfurt
Hebbrem	Heppenheim
Herwen	Herborn
Lammberdde	Lampertsheim
Maarbursch	Marburg
Offebach	Offenbach
Orschel	Oberursel
Rüsselsem	Rüsselsheim
Vernem	Viernheim
Wissbaade	Wiesbaden

In Offebach kimmt aaner beim Ischdannbull-Grill, beschdelld e Deehner unn säscht: "Horschema, Achmett. Mei Fraa unn isch wollde demmnääschsd in de Tärrkei bissi Urlaub mache. Kannstde mär do ebbes empfeehle?"

Säscht de Achmett: "Isch waaßes net, isch bin von Offebach."

Abbeid mäscht däs Lebbe sieß …

Mir Hesse sin ja net nur en witzisches Völksche, gell, sonnäern mir könne aach rischdisch prodduggdief sei bei de Abbeid, wenn mir wolle. Mir schaffe im Prinzipp gernn unn sin fleißisch bei de Sach. Mir mache uns abbäer aach net verriggd wie annern unn wisse ganz genau wann aachema Feierawend is, gell. Morsche is schließlisch aach noch en Daach, wenn net grad Freidaach is unn däs Wocheend an die Dier bollerd. Nach de Abbeid därff mär dann aachemol uff de Kaudsch die Fieß hochleeje unn sisch uffen scheene Schobbe im Geribbde freue.

Anschdatt uns gabutt ze schaffe, wolle mir uns gesund erhallde unn aach e bissi wass vom Lebbe habbe. Dessdeweesche duud däs Moddo von so manschem Hesse laude:

> *"Liewer e rund Bäuschelsche vom Esse unn Tringke, wie en krumme Buggel vom Schaffe."*
> *Lieber einen runden Bauch vom Essen und Trinken, als einen krummen Rücken vom Arbeiten.*

Es gibbt allsema so Daache – jeeder kennt däs – do hot mär irschendwie net so rischdisch Lust fäer nix, oddäer mär muss irschendwelsche unneedische Sissifussabbeidde [Sisyphusarbeiten] verrischde, däss mär demm Bürroocks [Chef] grad mim naggische Aarsch ins Gesischd hibbe könnt. Aach fäer so Fäll habbe mir en passenden Schbruch uff Laacher:

> *"Der, wo die Abbeid erfunne hot, muss nix ze duun gehabbt habbe."*
> *Wer die Arbeit erfunden hat, muss nichts zu tun gehabt haben.*

Selbst wenn sisch aaner uff de Abbeid alls aaner abjuggele duud unn maalooche muss wie'n Brunnebuddzser, behallde mir unsern Humor meisdens bei.

> *"Awweid mäscht däs Lewwe sieß, awwer am meischde deene, die wo se annern iwwerlosse."*
> *Arbeit macht das Leben süß, aber am meisten denen, die sie anderen überlassen.*

Wenn aaner in so e huddelisch' Bruchbuud beschäffdischd is, wo de fäer'n hutzelische Abbel unne gammlisch' Worscht schaffe unn Iwwerschdunnde klobbe musst bis zum Verregge, vergehd aam irschendwann die Lust. Unn wenn mär dann aach noch von so'm babbsäggelische Almoi do obbe schigganierd wäerd, bis mär Bräggelscher huusde duud, dann is aam irschendwann alles worschtegaal unn lässt sisch jeeden Dunnerschdaach in de Kneip de Aarsch volllaafe:

(Ironische) Berufsbezeichnungen auf Hessisch

Wo mir grad bei de Abbeid sin … Bei de Beruffe habbe mir im hessische Dialeggd e paar ganz orgginelle unn teils witzische Bezcischnunge:

Anwalt	Parragraffereidä
Apotheker	Pilledreher
Arbeiter	Maloochä, Schaffäer
Architekt	Aschideggd
Backwarenverkäuferin	Baggstubbschnegg
Beamter	Sesselforzzer
Brezelverkäufer	Breddselbubb
Chef	Scheff, Bürroocks
Controller	Erbbsezähläer
Elektriker	Schdribbezieher
Forstwirt	Jeeschermeisder
Friseur	Boschdegärddner

Geschäftsführer	Obbermoddz
Gemüsehändlerin	Salaadschnegg(sche)
Ingenieur	Inschenjeer
Apfelwein-Kellnerin	Schobbeschneggsche
Landwirt	Aggerdiseiner
LKW-Fahrer	Brummifahräer
Manager	Männäätschää
Metzger(meister)	Worschtadleed
Monteur	Monndeer
Schankwirt	Schobbeschosch
Schumacher	Schlabbefligger
Student	Schdudendekobb

Witzischkeit

Säscht de Scheff zum Loddar: "Horsche Se ma … Wo waare Sie dann heut de ganze Daach?! Isch habb Sie iwwerall gesucht!"

Säscht de Loddar: "Woss willst'n mache, Scheff? Guude Middabbeidäer sin halt ebbe schweer ze finne, gell."

 wie **Piddschedabber**

In Hesse saache mir net:

"Das Essen schmeckt mir heute nicht
so gut wie sonst."

In Hesse saache mir:

"De Hungäer treibt's nei,
de Eeschel treibt's nunner."

"f" anschdatt "ph" – **wundääbaa**

Wördder, wo mär im Hochdeutsche mit **ph** schreibe duud, schreibe mir meisdens mit **f,** unn in seldene Fäll allsema aach mim budderweische **w.**

Mir schreibe alle Wördder so, wie mär se im jeweilische hessische Dialeggd aussprischt.

Hieroglyp**h**en	Hirroglie**f**e, Hirroglie**w**e
Philiso**ph**ie	Fillosofie
Physik	Fissigg
Katastro**ph**e	Kaddas(ch)droo**f**

Päafeng (Bafömm, Bafimm)   Parfum

Päggelsche   kleines Paket

Padde   Brieftasche, Portemonnaie

paddele   rudern

Paddong!   Entschuldigung!, Verzeihung!

Palmegardde (Balmegadde)   Palmengarten: botanische Anlage in Frankfurt am Main

Pammbisch   pampig, unfreundlich

Peedeer   Peter

Hessische Aussprache von Vornamen

männlich:

Alexander	Aläggsanndää
Georg	Schorsch, Schosch
Giovanni	Schowanni
Günther	Günder, Gindää
Hartmut	Hardmutt, Hattmutt
Herbert	Häbbädd
Jörg	Jörsch, Jösch
Jürgen	Jirschen, Jürschen
Kevin	Käwinn
Manfred	Mannfreed, "Mampfreed"
Markus	Magguss, "Mägges"
Martin	Maddin
Peter	Peedeer [Peydä']
Roger	Roddscher
Rüdiger	Riddischer, Rüdieschää

weiblich:

Barbara	Baabbera
Chantal	Schanndall
Gerda	Gärdda
Giorgina	Schorschiena
Hertha	Härdda
Jacqueline	Schagglien(sche)

Jutta	**Judda**
Martha	**Madda**
Michaela	**Mischaeelaa**
Roswitha	**Rosswidda**
Samantha	**Samannda**
Tanja	**Dannja**
Ursula	**Orschel, Ossela, Uschi**
Virginia	**Weedschinnja, Wärdschinnjaa**

Pedder Pate

Peifekobb scherzhaft: Schiedsrichter

Peifedeggel! Denkste!, Das war wohl nichts!

P(ä)ersching Pfirsich

Perseensche "Persönchen", kleine, zierliche Person

petze 1.Apfelwein trinken („Schobbe petze") 2. zwicken, kneifen

Piddsch, Pittsch Pfütze

Piddschedabber springt von einem Fettnapf zum nächsten

piggobello einwandfrei, tipptopp, tadellos

Pimbernellsche unbeliebte, weibliche Person

Pinsje ein (sich) ständig (be)klagender Mensch

piesagge boshaft reizen, provozieren

Pissdibbe	Nachttopf
Plattkobb	Mann mit Glatze

Hessische Weisheiten

Ohne Härnn is mär

allsema wie bleed!

Ohne Hirn ist man manchmal wie blöd.

Plimmo	Federbett
Plombeziehäer	Karamellbonbon
Pommeranz	Mädchen vom Dorf
Pobbanz	unnötiger Aufwand
prääweln	lamentieren
Pratze	große Hände

Pressluftdschubbe Rock'n Roll-Tanzlokal; abgeleitet von *Elvis Presley* ("Pressluft")

Proleedeworscht Gurke ("Proletenwurst")

(die) **puudelnaggisch Kränk krieje** Es ist zum Verzweifeln/zum Verrücktwerden

Puusdebagge	Pausbacken
Puddel	Fläschchen
Puul	Jauche

 Q wie ?

In Hesse saache mir net:

"Schatz! Ich bin wirklich völlig überwältigt von deinem Heiratsantrag. Sicherlich wirst du Verständnis dafür haben, dass ich noch etwas Zeit benötige, um diese immens wichtige Entscheidung zu treffen."

In Hesse saache mir:

"Ei mir gugge ma, unn dann sehe mär ma weider, gell?!"

Du bleed "Q", loss mer mei Ruh!

Mim **Q** is däs so wie mim **C**. Wördder, wo im Hochdeutsche mit **q** odder **qu** geschriwwe werre, sollt mär uff Hessisch so schreiwe, wie se in unserm Dialeggd gebabbelt werre: **Kw**ettschkomood, **Gw**ellgardoffeln, **Kw**eddschekuche

Annern Beischbiele (Hochdeutsch – Hessisch):

Aquarium	Akwarrjum
Äquator	Äggwaadoor
Jacqueline	Schagglien, Schacklien
Quadrophonie	Kwaddrofonie
Quark	Kwarkk
Quartal	Kwaardaal

Hessische Weisheiten und Lebensphilosophien

Wer nachts guud schloafe soll, muss daachsiwwer sei Ruh habbe.

Wer nachts gut schlafen soll, muss tagsüber seine Ruhe haben.

 wie Rabbeldibbe

Hessische Bauäern saache net:

"Ich fahre mit der Erntemaschine aufs Feld und ernte die Futterrüben."

Hessische Bauäern saache:

"Isch mach misch midde Runkelroiwerobbmaschien uff de Aggäer unn robb die Runkelroiwe raus."

Der wo, die wo: **Hessische Relativsätze**

Relativsätze werden im hessischen Dialekt grundsätzlich mit dem Wörtchen **wo** gebildet:

"De alde Babbsagg, **(der) wo** do so babbisch is."
"Die aal Schnappsdrossel, **(die) wo** so viel schlugge duud."

"Wo" anstelle von "als"

"Isch habb schonn Hessisch gebabbelt, **wo** du noch im Worschtkessel vom Abbrahaam drinn geschwomme bist." [Ich konnte schon Hessisch, **als** du noch in Abrahamswurstkessel warst.]

Raasch	Rage, Raserei
Rabbatz	Lärm, Unruhe
Raabeaas gefährliche, attraktive Frau („Rabenaas", franz.: *Femme Fatale*)	
Rabbel	Fimmel
rabbeldäerr	sehr dünn, mager
rabbeln, rabbele	urinieren
Rabbeldibbe	Nachttopf
Rachebuddzer	scharfer Billigschnaps

Hessische Reime und Lebensphilosophien

Wenn's Äbbelwoi reeschend
unn Handkäs schneit,
dann bitt' isch de Herrgodd,
dässes wedder so bleibt.

Wenn es Apfelwein regnet und Händkäse schneit, dann bitte ich den Herrgott, dass das Wetter so bleibt.

Raddau   Lärm

Raadiesjer   Radieschen

Raggäer größere Kinder mit Unfug im Kopf; kleiner Raufbold

Raffel   Gebiss, schlechte Zähne

raggäern (abraggäern)   schuften

Raggenroll   Rock 'n' Roll

Rambazamba Trubel, Spektakel, wild und ausgelassen feiern

Rämbelei   Vorstufe zur Schlägerei

ramboniern   zerstören, kaputt machen

ramdeesisch "rammdösig": benommen, benebelt

Rämmidämmi Durcheinander, Lärm, ausgelassenes Treiben, lautstarker Streit

| **rattze, raddze** | schlafen |

ratzfatz, ratzi fatzi, ratze fatze mit rasender
Geschwindigkeit, schnell

Ratzefummel	Radiergummi
ratzekahl	völlig kahl
reeduur	zurück
Reesche	Regen
Reeschesch(ä)errm	Regenschirm

Reeschewormm, Reeschewäermmsche
Regenwurm

Reeschedrebbschäer, Reeschedrobbe leichter
Niederschlag

Ribbsche mit Kraut

Ribbsche mit Kraut (*Frankfodder Gebabbel*)

Hessisches Nationalgericht, das neben Handkäs'
mit Musik ganz oben auf der Speisekarte der
Hessen steht.

Rezept: Ribbsche mit Kraut

Zutaade:

- *4 gekochte Ribbsche*
- *600 Gramm Sauäerkraut*
- *1 Zwiwwel*
- *20 Gramm Buddäer*
- *250 Milliliddäer Äbbelwoi*
- *1 Lorbeerblatt*
- *10 Peffäerkörnnäer*
- *5 Wacholderbeere*
- *5 Nelke*
- *1 große rohe Gardoffel*
- *Salz, Zuggäer*

Zubbereiddung:

1. Zwiwwel scheele, in Schdreife schneide unn innem Dibbe mit Buddäer aadünstde.

2. Kraut mit kaldem Wassäer abwäsche, abtrobbe lasse unn ins Dibbe nei duun.

3. Mit Äbbelwoi uffgieße unn Gewärzze nei. Noch e bissi Salz unn Zuggäer, däs Ganzse kräffdisch dorschkoche unn uff klaanäer Hitz gaare.

4. Roh Gardoffel fein reibe unn geesche End däs Kraut mit unnedrunnermenge.

5. Die Ribbscher e paar Minuude uff däs Kraut druffleesche unn de Deggel druff.

Einische Minuude speeder sin die Ribbscher unn däs Kraut serwierferddisch. Dodebei basst Gardoffelschdämmbes unn Äbbelwoi.

Ribbeschbeer gepökelter, geräucherter Schweinebraten aus dem Rippenstück

riggzuus	zurück
ritzerood	knallrot, leuchtend rot
rischdisch	richtig
Riwwelkuche	Streuselkuchen
robbe	rupfen
Rotzkollbe	verschnupfte Nase
ruff, ruffäer	hinauf
Rumbelkammäer	Abstellraum
rumdabbe	umhergehen (meist planlos)
Rummbstigg	Rumpsteak

Runkelroiwerobbmaschien

Die "Runkelrübenrupfmaschine" ist ein landwirtschaftliches Gerät zum Ernten von Futterrüben.

"Die Runkelroiweroppmaschin" ist außerdem ein, im Jahr 1990 erschienener, Song der hessischen Kultband *Adam und die Micky's*. 2008 wurde der Titel von den Zuschauern des Hessischen Rundfunks zum beliebtesten hessischen Fastnachtslied gewählt.

runnäer (nunner; enunner) hinunter

runnäerrobbe (abbrobbe) herunterreißen

Hessische **Schimpfwörter** mit **R**

Raadfahräer   Trittbrettfahrer

Raddefängäer   Betrüger, Schwindler

Raddschäern   geschwätzige Frau

Rasselbogg 1. jemand, hinter dessen großer Klappe nichts dahintersteckt 2. Fabelwesen, mit einem Hasenkopf und dem Geweih eines Rehbocks

Raubautz   Grobian

Reff unattraktive, unsympathische, dumme Frau

Reibeise Mensch, an dem man sich aufreibt.

Riwwelaarsch jemand, der nicht still sitzen kann, und vom Hin- und Herrutschen sprichwörtlich *Riwweln* (Streusel) am Hintern haben muss

Riwwelkuchegesischd jemand, der wegen seiner Pickel im Gesicht wie ein Streuselkuchen aussieht

Roggzibbelhängäer Ein Kind, das am "Rockzipfel" seiner Mama hängt und sich nicht von ihr lösen kann

Röösdäer, Reesdäer Angeber

Rotzkoffäer unerfahrener Anfänger/Schnösel

Witzischkeit

Treffe sisch zwaa Hunde. Säscht de aane: "Ei Guude! Isch bin de Prinz Bello von Könischstein, unn en reinrassische Blaublütler von aadelischem Geschleschd."

Dodruff de anner Hund: "Guude! Isch bin aach aadelisch unn heiß Runner von de Kaudsch."

S wie Schaddeng

In Hesse saache mir net:

"Andere junge Frauen haben täglich Geschlechtsverkehr, ohne dass etwas passiert. Unsere Tochter hingegen wird beim ersten Mal sofort schwanger."

In Hesse saache mir:

"Annern Meedscher jeed' Nacht ... Unsern Dochder aanmol ... battsch!"

saache	sagen
Saasch	1. Schweiß 2. Urin
saasche	urinieren (seichen)
sabbeln	sinnloses Zeug reden
Sabbäer	Speichel

Sacksehause Frankfurter Stadtteil, der für seine Apfelweinwirtschaften bekannt ist. Insbesondere Alt-Sachsenhausen ist wegen seiner hohen Dichte an Apfelweinlokalen, ein Anziehungspunkt für Frankfurts Besucher.

Hessische Reime

Die Sacksehäuser weiwerscher, die hawwe roode Heuwerscher. Se traache geele Schiggelscher unn dannze wie die Giggelscher.

Die Sachsenhausener Weiber(chen), die haben rote Häubchen. Sie tragen gelbe Schühchen und tanzen wie die Hühnchen.

Säggel Hosentasche, Jackentasche

Sammelsurjumm Sammelsurium, ungeordnete Sammlung

Sattmachäer kalorienreiche Kost

Sauäerkrautschdampfäer hölzernes Küchengerät um Sauerkraut zu stampfen

schääl gugge 1. verlegen schauen 2. Silberblick

Schaddeng   Garten

Schaff ein Haufen Arbeit; *"Do hot mär sei Schaff mit."* [Da hat man seine Last/Arbeit mit.]

schaffe   arbeiten

Schäerzzejeeschäer   Schürzenjäger

Schatzebobbes   Schatz, Liebling

Hessische Bezeichnungen für *"Liebling" und "Mein Schatz"*

Leggermäulsche, Mobbelsche, Schatzebobbes, Schätzelsche, Schbätzelsche, Schneggelsche, Schnuggelsche, Zuggäschneggsche, herzzgebobbelde Dreggschibb

---

Schaawellsche   kleiner Fußschemel

schbachdele   essen

Schbarschel   Spargel

Schbaddzepartärr   Dachgeschoss

Schbeiss   Mörtel

Schberenzjer Umschweife; jemandem Schwierigkeiten bereiten, weil er etwas nicht tun will, was jemand von ihm verlangt ("Sperenzien")

schbeuze   spucken

schbiggeln, schbiggele   (heimlich) abgucken

Schbilunk heruntergekommene Kneipe (Spelunke)

Schbischelei   Spiegelei

Schbitzkliggäer   raffiniertes Schlitzohr

Schbund   Halbwüchsiger

Schdaa (Staa)   Stein

Schdammdisch   Kneipenstammtisch

schdängkern   Streit anzetteln

Schdäschäer   Liebhaber (Stecher)

schdibbe   tunken

schdibiddze   klauen

schdingkisch   1. übel riechend 2. gereizt

Schdobbelhobbsäer   kleiner Junge

Schdöffsche (Stöffsche) Apfelwein

schdrimmbisch ohne Schuhe, nur in Strümpfen

schdrunze (strunze) 1. prahlen 2. herumstreunen

schdruwwelisch   ungekämmt, zerzaust

schdummbe 1. schubsen, stoßen, anrempeln 2. billige Zigarre ("Schdumbe")

Schdummbkleeß   gestochene Klöße

schebb   schief

> ## Hessische Weisheiten
> ### Die Schebbe sin all net grad.
> *Die Schiefen sind alle nicht gerade.*

schee	schön
Scheelee	Gelee
schenne	schimpfen
Schesselong, Schässlong	Sofa, Ottomane
Scheuäer(n)	Scheune
Schibb unn Beese	Kehrschaufel und Handbesen
Schibbsche	kleine Schaufel
schiffe	1. regnen 2. urinieren
Schiggelschäer	Schuhe
scheenannd	schüchtern
Schlaawiener	listiger, pfiffiger Mann
Schlabbe	Hausschuhe
Schlabbefliggäer, Schlabbekiggäer	unzuverlässige Person
schlabbmache	Energie verlieren, aufgeben

𝕾chlachdpladd

Schlachtplatte nach hessischer Art

Zutaade:

- *Je 4 Bluudwärschdscher, Lewwerwärschdscher, Braadwärschdscher; 4 digge Scheibe Bauchfleisch, 1 Eisbein (gepöscheld)*
- *1 Zwiwwel - 1 EL Buddäerschmalz - 2 Pund Sauäerkraut*
- *1 TL Wachholdäerbeere, 4 Lorbeerbläddäer*
- *0,5 Lidder Weißwein (trogge) - 1 Liddäer Worschtbrieh*

Zubbereiddung:

1. Gewärffelde Zwiwweln in Buddäerschmalz glaasisch dadünsde.

2. Sauäerkraut, Wachholdäerbeere unn Sauäerkraut dodezugebbe.

3. Mit Weißwein ufffülle, Deggel druff unn schmore lasse.

4. Bauchfleisch unn Eisbein in de Worschtbrieh gaare.

5. Korzz vorm End von de Gaarzeid, Bluud- unn Lewwerwärschdscher dodezugebbe.

6. Braadwärschdscher in de Pann bruddzsele.

7. Aarischde: Sauäerkraut uffen große Deller leesche unn mit dem ganzse Flaasch unn de Wärscht beleesche.

Schlibbsche, Schlippsche

1. Schleife ("Schlupp")
2. Frankfurter Mädchen wurden früher *Schlippsche* genannt, weil sie viele Schleifchen trugen. Der Begriff *Frankfurter Schlippsche* wurde später verwendet für ein frühreifes und/oder leichtsinniges Mädchen

Schligge, Schligges	Schluckauf
Schloofschdubb	Schlafzimmer
Schlubb	Schleife
Schmatzzersche	Küsschen
Schmiss	Schläge
Schmuu	Betrug, fauler Zauber
Schmuus leeres Gerede, dummes Geschwätz	
Schmuusie	Smothie
schnaggeln	kapieren
Schnibbelsche	kleines Stück
Schniggäer	Schubs
Schnittlauchlogge	dünne, glatte Haare
Schnorräer auf Kosten anderer Lebender	
Schnubbe	Schnupfen

Schnuggelsche 1. etwas zum Naschen 2. Kosewort für den/die Liebste(n)

> ### In de Biddzseria liest die Omma die Schbeisekartt vor ...
>
> "Woss?! Doodelinni mit Sollmonelle? Jesses! Wolle die aam färgiffde?!"
> "Salmone, Omma. Däs sin Nuddeln mit Lacks."
> "Zubba die kottze. Is däs deene ihrn Ernstd?"
> "Cozze ... Däs is Miesmuschelsubb."
> "Do bekimmt mär ja schonn beim Leese von de Schbeisekartt de Breschreiz, bei demm ganze Insaladda Mist da, Kerlle naa! Habbe die dann kaa aaständisch Ribbsche mit Kraut, odder Kwell-männäer mit Grie Sooß uff de Kartt?!"

Schnuud — Mund

Schobbe 1. ein Glas Apfelwein (0,3 Liter) 2. einkaufen, shoppen

Schoddäer — Bargeld

schoggele — schaukeln

Schoggelgaul — Schaukelpferd

schubbse — stoßen

schummerisch — schwach beleuchtet

schrummbelisch	faltig, zerknittert

Schwarwenzeler, **Schaarwenzeläer** jemand, der ständig um einen tänzelt (herumscharwenzelt)

Schwelles	dicker Kopf
Semmbf	Senf
Sewwelaadworscht	Cervelatwurst
siwwe, sibbe	sieben
Spinneriddies	(krankhafte) Spinnereien
Spritt	1. Benzin 2. billiger Fusel

Stiwwel, **Schdiwwel**, **Schdiffel** Stiefel

Suddelweddäer schlechtes Wetter (meist nasskalter Regen)

Subbedibbedeggel	Suppentopfdeckel
Sießmaul	Naschkatze

Hessische **Schimpfwörter** mit **S**

Saaschbogg jemand, der in Ecken pinkelt oder oft zur Toilette muss

Sagglui Schlitzohr

Saubaadzsie(s) abwertend für Bayer(n); die Antwort auf *Saupreiß'n*, als Bezeichnung für Menschen, die nördlich des Weißwurstäquators leben

Saufeule, Saufmaul, Saufoos (Suffkobb) jemand, der viel Alkohol konsumiert

Sauäerdibbe schlecht gelaunter (saurer) Mensch

Schachdel humorlose, unfreundliche Frau

Schadull verschlossene (Jung)frau, die keinen an ihr Allerheiligstes lässt; alte Jungfer ("Schatulle")

Schdingkstiffel, Stingkstiwwel unerträgliche, meist männliche Person

Schdingkwatz übelriechender Mensch

Schdoffel (Stoffel) wortkarge, unhöfliche, ungehobelte Person ohne Umgangsformen

Schduss Unsinn, dummes Gerede

Schießbuudefiguur Witzfigur

Schiffschaugelbremsäer 1. Spaßbremse 2. Feigling 3. einfältige Person 4. Gelegenheitsarbeiter oder Mann mit zweifelhaftem Beruf

Schiggsbiggs, schiggsisch Biggs hochnäsige, eingebildete Frau ("Schickse")

Schinnoos eine Frau, die ständig schimpft und andere herumkomandiert und "schindet"

Schissäer Angsthase

(aal) **Schissel** 1. derb: breite Frau ("Schüssel") 2. Altes, heruntergekommenes Fahrzeug

Schlabbmaul vorlaute Person

Schlammbes, Schlammbhannes unordentlicher, schlampiger Mann

Schleeschdschwätzer jemand, der dumm und ständig "schlecht" redet

Schleimscheißäer Einschleimer, Honigschmierer

Schluurie, Schlurie schludriger Kerl/Mensch (oft jedoch nicht böse gemeint)

Schmaaßmigg (Aabeemigg) Schmeißfliege; Klette, besonders lästige Person

Schmarräer Person, die Unsinn erzählt

Schnappsdrossel Schluckspecht

Schnarrschnaas langsame Person

Schraubedampfäer aufgetakelte Fregatte

schwangäer Lerrsch übergewichtiger Mensch, meist weiblich ("schwangere Lerche")

Schwellkobb jemand, mit einem dicken Kopf

Sesselforzzer 1. Stubenhocker 2. Beamter/Büroangestellter

Siffäer 1. Säufer 2. schmuddelige Person

Simbel / Simbelskobb Einfaltspinsel

Späänebrennäer Geizhals

Sparbiggs geizige Frau

Spaarbreedsche, Spaarbräädsche Geizkragen

Spinattwachtdel Bezeichnung für eine ältere Frau, die ungepflegt ist oder auch unangemessen auftritt

Spischeläffsche jemand, der sich oft im Spiegel anschaut; eitler Mensch

Stoggfisch (**Schdoggfisch**) wortkarger, ungesprächiger Mensch

Stribbsäer Dieb

Suffragedde extreme Form einer emanzipierten Frau (Emanze/militante Frauenrechtlerin)

Witzischkeit

"Babba!"

"Wass dann?!"

"Wass is Scheinheilischkeid?"

"Däs kann isch däer saache, mein Bubb: Scheinheilischkeid is, wenn mär däs ganze Jahr färhüüde duud unn an Weihnachde singt: Ihr Kinnerlein kommet."

De bibblische Sündefall

Säscht de Addamm zum Eefsche: "Ei Eefsche, host du dann en Rabbel? Isch braach Äbbelwoi! Wass will isch mit nem Abbel?"

"Ei Addamm, host du dann en Knall? Däs wär de reinsde Sündefall!"

"Ei jei-jei-jei-jei-jei ... Wass kann am guude Äbbelwei schonn Sünde sei?"

"Isch schiddel net die Bäum uff die Wies. Isch sach däer's: Mir fliesche hoochkannd ausem Parradies!"

"Dann mach isch's mer halt selwer, isch kann net längäer wardde."

"Ei mach doch woss de willst, du Simbel, unn mach disch in de Gadde!"

T wie Traafunzsel

> **In Hesse saache mir net:**
>
> "Ich befürchte, dieser Herausforderung bist du nicht gewachsen. Ich schlage vor, du besinnst dich zukünftig auf deine Kernkompetenzen und übernimmst nur solche Aufgaben, für die du prädestiniert bist und die auf deine individuellen Fähigkeiten und Qualifikationen optimal zugeschnitten sind."
>
> **In Hesse saache mir:**
>
> "Kerlle naa! Schdell disch net
> so dabbisch aa!"

Die Omma hot allsema gesacht: "Geh mo fott unn loss misch däs mache, du Urummbel. Du schdells' disch jo dabbischer aa, wie e Rindvieh baam Krebbelbagge, Kerlle naa!" (Odder wie "e Fudd baam Heurobbe.")

Terzz	Ärger, Stress
Teschdelmäschdel	Liebesaffäre, -abenteuer
Toomaadesaalaad	Tomatensalat
traadsche, traatdsche	schwatzen, lästern
Traatschtand	geschwätzige Frau
Trabbel	Ärger (engl.: "trouble")

Tranfunzsel, Traafunzsel trantütige, lahme Person; jemand, der ständig auf der Leitung steht

trättsche, trattsche	stark regnen
Trauäerklooß, Trauäerlabbe	trauriger Mensch
traurisch, traarisch	traurig
Treedäer	Schuhe

trieb Dass langweilige Person, mit der nichts anzufangen ist („trübe Tasse")

triedzse	plagen, quälen
Trobbe	Tropfen
Trottwaa, Troddwaa	Bürgersteig

Trottwaarschnegg "Bordsteinschwalbe", Straßenprostituierte

Hessische Selbstironie und rhetorische Übertreibungen

Mir Hesse sin e lusdisch Völksche, gell, unn in de Reeschel verschdehe mir ganz viel Schbass unn versuche Ärscher unn Terzz so guud wie's geht ausem Weesch ze gehe.

Nach demm Moddo "Däs Lebbe is ze korzz, fäer e lang Gesischd ze mache", könne mir aach allsema iwwer uns selbst lache unn nehmme däs Lebbe net immäer so ernstd. Sischäer gibbt's bei uns aach Grolleköbb, wo sisch iwwer Ferzz uffreesche. Grad Selbstirronnie is net demm Zornngiggel sein Ding unn e Karraggdereischeschaffd, wo net jeeder hot.

En wascheschde Hesse is in de Reeschel stolz uff sei Herkunfd. Unn weil bei de Hesse däs Herzz uff de Zung lieht, bringe mir unsern Stolz aach gernnema werbaal zum Ausdrugg.

"Mir Hesse habbe grooßes Gligg. Mir därffe da lebbe, wo annern Urlaub mache."

Baam Humor, unn grad aach bei de Selbstirronnie, iwwertreibe mir aachema gernn unn sin allsema e bissi iwwerzwersch [überzogen, überdreht].

> **Hessische Sprüche und Redensarten**
>
> "Kaan Mensch uff de weld is pärfeggd, awwer als Hesse is mär verdammt nah draa."
>
> "Hesse is däs Höschsde, wassen Mensch uff Erdden werre kann."

Uff Tie-Shärtts habb isch aach schonnema so ebbes geleese:

"Hesse = Goddgleisches Geschöpf in höchsder Vollendung."

Mär säscht jo aach, Hessisch is die Spraach von de Gödder, gell. Unn wer die Bibbel kennt waaß, däss de Herrgodd aach allsema zornnisch werre kann.

Unn so is däs aach bei mansche von de Hesse. Wenn so zwaa Zornngiggel sisch in die Woll krieje unn fucksdeiwels wild werre unn schenne, dissbediern unn sisch wie die Kesselfligger zangke duun, dann heerd de Schbass uff ...

Fluuche unn Schenne uff Deiwel komm raus

So könnt en heffdische Dissputt zwische em "Frankfordder Schlabbmaul" unnem "Offebäscher Schlabbekigger" aussehe:

"Wenn isch dei Wiesaasch hätt, wördd isch mär de Aarsch rasiere unn mim naggische Hinnern riggwärdds dorsch die Geeschend laafe."

"Hal'dei dreggisch Schlabbmaul, sonst haach isch däer uff dei babbisch Gosch, däss de midde Ohrn schlaggerst, du Babbsagg."

"Isch gebb däer glei fäer's Knorrn, du Aarschbaggegesischd."

"Komm grad heer, du Luftbummb. Isch stegg där de Kobb zwische die Ohre unn haach däer uff de dolle Nischel, du hundsverreggde Hannebambel!"

"Makier hier ma net de halbstargge Mägges, du Fulder, sonstd schdummb isch disch uff, däss de pladdische Fieß kriehst unn Lummbe kotzt."

"Awwer vorheer haach isch där dein dolle wäersching dorsch de Hals in de Maache nei, du dolläer Wassäerkobb. Dann kannstde dorsch dei Ribbe gugge, wie'n Wellesiddisch im Käfisch von dei Omma."

"Bass nur uff, du Heggebangkerd. Sonstd dachdel isch däer aa, dääss de disch drei ma iwwerschleeschst unn mim Deez uffem Troddwaa uffdoddze duust."

"Glaasch leeft mer die Gall iwwer, un's haacheld e Schellegewidder, dääss de maanst, de heilische Schosch is de Roiber Hotzebloddz."

"Wass willst du dann iwwerhaabt, du doller Handkässchdämmer? Bevor du Bohnesimbel disch mit dei rabbelische Knoche beweeschst host, habb isch däer schonn dreimal uff de Nischel gehaach."

"Isch treed däer glaasch aaner vor de Sagg, du Zornngiggel, dääss de im Meedschekoor mitsinge kannst."

"Ach, hal'dei Maul unn geh haam zu de Muddi, du Hätschelbibbsche."

"An so'm babbsäggelische Grindkobb wie dir, deed isch mär die Händ 'wieso net dreggisch mache. Mach disch ab in dei Mülltonn, du Muffegängäer!"

Und am 8. Tag schuf Gott die Dialekte und alle Völkchen waren froh.

Der Berliner sagte: „Na dette is'n dufter Dialekt, wa. Jenauso hab ick mir dit vorjestellt. Dit jefällt mir. Echt knorke, Alter."

Der Norddeutsche: „Jouuu! Min Plattdüütsch, datt hatt schon watt."

Der Kölner: „Isch werd jeck. Dat Kölsch issene janz dolle Spraach."

Der Schwabe: „Heilig'sch Blechle. Däsch ja subb'r. Mir könnet allesch, nur net Hochdeutsch schwätzet – Gott sei dank!"

Der Bayer: „Joah mei, do leegst di nieder, oida Zipfelklattscher. Däs Bairisch is scho pfundig, leggst mi am Oarsch."

Der Saarländer: „Ei joo, isch bin suweit ganz zefridde."

Der Sachse: „Joarh nüü, ei vörhbibbscht. Freilisch is dös säcksch sübbarh, nüsch woarhr?"

Nur für den Hessen war kein Dialekt übrig. Da wurde der Hesse ganz traurig und zornig zugleich und Gott sprach zu ihm: „Ei horschema, mein Guuder, reesch disch net uff. Dann babbelsde halt ebbe wie isch – ferddisch!"

 wie Urrumbel!

In Hesse saache mir net:

"An Ihrer Stelle wäre ich etwas vorsichtig.
Sie bewegen sich gerade auf ganz dünnem Eis."

In Hesse saache mir:

"UFFBASSE!"

uffbabbele zu etwas überreden, aufschwätzen

Uffbasse! Aufpassen!

uffbumbe 1. etwas mit Luft füllen 2. etwas auf den Boden werfen

uffdonnäern (sich) „aufdonnern": übertrieben schminken, auffällig kleiden, zurechtmachen

uffenannäer aufeinander

uffgeblaase, uffgebloose eingebildet

uffgestumbbd klein und aufgestoßen

uffgestummbd im Kwadraad Beleidigung, mit der man zum Ausdruck bringen will, dass jemand genauso klein wie er/sie breit ist.

uffhäern, uffheern aufhören

Ufflaaf Auflauf

uffmische für Aufruhr sorgen; jemanden ärgern

uffmugge aufsässig werden

uffraame aufräumen

uffrabbele aufstehen, sich aufrappeln

uffreesche aufregen

uffrobbe aufreißen

Uffschnitt Wurst-Aufschnitt

Uffzuuch Aufzug

umkrämbeln ändern

unaans uneinig

unne	unten
unnäernannäer	untereinander
Unnersischguggäer	schüchterne Person

Urrumbel Ungehobelter (rücksichtsloser) Mensch; Rindvieh

Uuzer jemand, der andere Leute ständig neckt und aufzieht

üwwerisch (iwwerisch) übrig haben

Witzischkeit

En Frankfordder kimmt moins in die Bäggerei nei, unn begrüßt zwaa alde Bekannde, wo do friehstigge: "Ei wie?"

"Ei, guud", säscht de Wissbaadener.

"Ei naja", säscht de Offebäscher. "Meins könnt e klaa bissi weischer sei."

Die hessischen 10 Geboode

1. Trink Äbbelwoi unn halt de Göddertrobbe heilisch!

2. Sonndaach is Ruhedaach. Moondaach aach.

3. Du sollst kaan annern baddsche. Awwer wann dir aaner uffs Aach haacht, haach dem annern aach uffs Aach.

4. Sei guud zum Babba unn de Muddi, unn de Omma unn zum Obba, unn de ganz Bagaasch.

5. Du sollst demm annern sein Äbbelwoi net wegschlugge, außer du host Dorscht.

6. Sei kaan Fulder, duu nix ramboniern unn gebb net aa wie e Dudd voll Migge.

7. Du sollst däer nix eisäggele, woss net dir geheerd. Kaaf däer dein Krembel selwer.

8. Du sollst kaan annern fobbe odder beluurn.

9. Babbel kaan Scheißdregg iwwer annern.

10. Abbedidd hoole därff mär sisch iwwerall, awwer g'esse wäerd dehaam!

(Unn däs 11. Gebood: **Bleib lässisch, babbel Hessisch!**)

V wie **verkliggern**

In Hesse saache mir net:

"Ich bin stocksauer. Ich könnte
vor Wut an die Decke gehen."

In Hesse saache mir:

"Isch ärschäer misch net, un
wenn isch verregg vor Zornn!"

Rechtschreibung: **Völlisch färkehrd**

Däs ist jetz aach wiedder so e ähnlisch Fännomeen, wie bei Wörddern mit **c**, **q** odder **ph**. Awwer hier nehmme mär däs net ganz so genau, gell.

Wördder wie *vorhin*, *vorher* odder *Vorort*, sollt mär uff Hessisch aach mit **v** schreibe. Wördder mit **ver**, wo die Bedoonung uff **ä** liescht, komme dorsch **fä(r)** allsema besser zur Gelldung, aach wenn däs im Hochdeutsche von de Reschdschreibung her völlisch färkehrd is, gell.

Bei Dialeggde sollt mär allgemein immäer druff achde, däss mär schreibt wie mär babbelt, unn gleichzeidisch so, däss mär däs Wortt dodebei net doodaal verhunzse duud unn noch erkenne kann.

Beischbiele Hochdeutsch – Hessisch

Verbrecher	**Fär**bräschä' / Verbräschäer
Un**ver**schämtheit	Un**fär**scheemdheid
Verreckerling	**Fär**reggäerling / Verreggerling
verstecken	**fär**schdeggele
vierzig	**fär**zisch

veräbbeln (färäbbeln) jemanden hereinlegen

verbuddze aufessen

verbullwäern verschwenden

verddel, Verddel ein viertel; das Viertel

verdorschde verdursten

verdresche verhauen

vergugge 1. (sich) täuschen: "Vergugg disch." [Täusche dich da mal nicht.] 2. sich in jemanden verlieben

verhaggschdigge „verhackstücken": etwas bis ins kleinste Detail besprechen; verreißen

verhassbele sich versprechen

verzoddele (färschlammbe) etwas verlegen, verlieren

verhonnebibbeln lächerlich machen, verspotten

verhuddzselt zusammengeschrumpft

verhunnse verhunzen, verderben

verjuggse vergeuden

verkliggern erklären

verklobbe (färklobbe, fä'klobbe) 1. jemanden verprügeln 2. etwas (unter Wert) verkaufen

Tierisch Hessisch

Aane von viele Besonnderheide vom hessische Dialeggd is die Ausspraach von Tiernaame.

So wärdd beischbielsweise "Die Katze" als **Miens** bezeischend, odder "Ameisen" als **Amäänse**.

Beispiele Hochdeutsch – Hessisch

Eichhörnchen	**Eischhärnnsche**
Eidechse	**Eideggs**
Fledermaus	**Speggmaus, Fläddermaus**
Fliege	**Migg** ("Mücke")
Flöhe	**Fleeh**
Gazelle	**Gaddzell**
Kleiner Fisch	**Graadediersche** ("Grätentierchen")
Hahn	**Giggel, Goggel**
Huhn/Henne	**Hinkel, Hingkel**
Kakadu	**Gaggaduu**, Kaggeduu
Kakerlake	**Kaggalagg**
Kühe	**Kieh**
Maus/Mäuse	däs **Mäusje**/die **Mais**
Möwe	**Meef**
Papagei	**Babbegei**
Pferd/e	der **Gaul**/die **Gäul**, die **Goil**

Schmetterling	**Schmeddäling, Buddervoochel**
Schwein/e	**Wutz, Wutzjer**
Vogel/Vögel	**Voochel/Veeschel**, Feeschel
Ziege	**Gaas**
Ziegenbock	**Gaasbogg**

Iwwerischens: Woss bei de Baiern "der Wolpertinger" is, das is in Hesse de **Rasselbogg**. Dademitd is en Faabelweese gemaant – en Haas mim Häerrschgeweih uffem Kobb.

verknibbeltd, verknoddeltd verknotet

verkroddze   unbrauchbar machen

verkrummbeld   zerknittert, verbeult

verloddäern   verwahrlosen

vermorggse   vermurksen

vernaacheld   begriffsstutzig

verrammsche   billig verkaufen

verrobbde Giggel (zerrobbde Giggel) verwahrloster, ungepflegter Mensch

verrobbe   verreißen

versagge   absinken, untertauchen

verschdeggele   verstecken

verschlabbäern   verschütten

verwaddzse, verwammse	verdreschen
verworschdelt	durcheinandergeraten
verrzeh	vierzehn
verzehle	erzählen
verrzisch	vierzig

Hessische **Schimpfwörter** mit **V**

Verbabbder sturer Zeitgenosse mit veralteten Ansichten

Verreggäerling Verreckerling

verrobbder Giggel verwahrloster, ungepflegter Mensch

versoffen Äbbelwoiloch jemand, der sehr viel Apfelwein konsumiert

Volleul betrunkene, meist ältere Frau

Voochelscheusch Frau, die durch ihre äußere Erscheinung abschreckend wirkt.

W wie Witzischkeit

In Hessen we don't say:
"WORST CASE."

In Hesse saache mir:
"WORSCHT-KÄS!"

Hessische Fragewörter

Auch Fragewörter haben im hessischen Dialekt einen ganz speziellen und eigenen Charakter.

Beischbiele Hochdeutsch – Hessich

Was?	**Woss?, Wass?**
Welche?	**Wass fer?, Wass fäer?**
Welcher?	**Wass fer aaner?**
Wem?	**Wemm?**
Wessen?	**Wemm soi?, Wemm soins?**
Weswegen?	**Wessweesche?**
Wofür?	**Wodefier?**
Wovon?	**Woodefunn?; Woodevonn?**
Wovor?	**Woodefoor?**
Wozu?	**Woodezu?**

waddzsisch unverschämt, gierig

Wällfleisch, Wellflaasch gekochte Oberschale vom Schwein

Wamb(es) dicker Bauch

Wärschtdsche Würstchen

Wärttschafft, Wärddschaffd 1. Lokal, Gaststätte 2. Wirtschaft (Ökonomie)

Wäschlabbe Waschlappen; Weichei

> **Wäldschesdaach** "Wäldchentag"
>
> Großes, traditionelles Volksfest der Stadt Frankfurt
>
> Der Wäldschesdaach gilt als Nationalfeiertag der Mainmetropole und findet jedes Jahr am Dienstag nach Pfingsten, am Oberforsthaus im Frankfurter Stadtwald, statt. Der Wäldschesdaach steht für Identifikation und Verbundenheit der Menschen mit ihrer Stadt.

waschoinds, wahrschaanlisch wahrscheinlich

waasch   weich

Wassäerhäusje   alte Bezeichnung für Kiosk

Wassäerkraan   Wasserhahn

Wassäerschdaa (Waschbegge) Waschbecken

Wasserschdaabäerschd Wurzelbürste

Weck   Brötchen, Semmel

Weesch   Weg

weeschemir   meinetwegen

Wehiggel   Vehikel

Wehwehsche   Aua!

Weilsche   (eine) Weile

Welscherholz	Nudelholz
W(ä)ermscher	Würmer
W(ä)ersching	1. Wirsing 2. Kopf
Wehganer	Veganer

Hessische Weisheiten und Lebensphilosophien

In de allergreeschde Nood schmeggt die Worscht aach ohne Brood.

In der allergrößten Not schmeckt die Wurst auch ohne Brot.

Wicksbäerschd	Polierbürste
widdäer, widd	gegen, wider
widdäerborsdisch	widerspenstig
Wiggeldisch, Wiggelkomood	Wickeltisch, Wickelkommode
Wiesaasch	Gesicht
wischdisch	wichtig
Witzischkeit	Heiterkeit
worschtdeegal	gleichgültig, unwesentlich
worschtdele	beschäftigt sein, vor sich hin werkeln
Worscht	1. Wurst 2. egal
Worschtfingäer	dicke Finger
Worschtsupp	Wurstsuppe

Worschtzibbel „Wurstzipfel": Ende einer Wurst

Wubbdisch! Los!; Auf geht's!

Wutz Schwein

Wutzebär/Wutzebubb dreckiges Kind/dreckiger Junge

Wutzebobbes 1. Hinterschinken vom Schwein 2. siehe "Dreggwaddz" und "Wutzebär"

Hessische **Schimpfwörter** mit **W**

Wassäerkobb Normalerweise besteht das menschliche Gehirn zu 70% aus Wasser. Bei jemandem, der als "Wasserkopf" bezeichnet wird, sollen es 100% sein.

warmm Wärschtsche abfällige Bezeichnung für einen homosexuellen Mann

Watz, Watzling dicker, fettleibiger Mensch

Windbeudel unzuverlässiger Mensch, der oft seine Meinung oder Beziehungen ändert, wie ein Windbeutel die Windrichtung

Worschtaddleed Metzger, Fleischermeister (Wurstathlet)

Worzzelbärschd "Würzelbürste": sturer, widerspenstiger Mensch

Wuchtbrumm Voluminöse und/oder taffe Frau mit Durchsetzungsvermögen

Wullewambes Voluminöser, feister Mann

Wullewatz dickliches Moppelchen

Klassische hessische Zungenbrecher und Wortspielereien vom Feinsten

Südhessische Zungenbrecher funktionieren besonders gut, wenn sie viele **isch**-, **sche**-, **ch**- und/-oder **ä**-Laute enthalten, wie beim „Wärmmsche uffem Tärmmsche, mim Schärmmsche unnerm Ärmmsche (…)“. Kunstvolle Sprachkonstrukte dieser Art, müssen nicht zwingend einen Sinn ergeben …

"Wann Ihne Ihrn Schebbe, deene ihrn Schebbe, Schebbe schennd, schennd deene ihrn Schebbe, Ihne Ihrn Schebbe so lang Schebbe, bis Ihne Ihrn Schebbe, deene ihrn Schebbe ned mehr Schebbe schennd."

"Die Runkelroiwerobbmaschien, die robbd die Roiwe raus. Unn wann se all gerobbd sin, isses Roiwerobbe aus."

"Die Kaasache habbe kaa Sache, weil die Kaasache kaa Sache mache. Weil die Kaasache kaa Sache mache, habbe die Kaasache kaa Sache.", was natürlich völliger Nonsense ist. Der folgende Zungenbrecher macht da schon mehr Sinn:

"Wenn Ihne Ihrn babbische Babbsagg, unsern dabbische Dochder nochema bedaddsche duud, duud unsern dabbische Dochder, Ihne Ihrn babbische Babbsagg so aaner baddsche, däss Ihne Ihrn babbische Babbsagg unsern dabbische Dochder ned mehr bedaddsche duud."

Probieren Sie mal den folgenden Zugenbrecher, siebenmal hintereinander, fehlerfrei zu sprechen:

"Sibbe Subbedibbe sin bedeggd mit sibbe Subbedibbedeggel. Sibbe Subbedibbedeggel bedegge sibbe Subbedibbe."

Hessisches Weihnachtsgedicht

Adwend, Adwend, de Adzwendzkranz brennd.
Die Diersche am Kalenner schdehe offe.
De Äbbelwoi is leer gesoffe.
De Handkäs is g'esse.
Ach wie schee is Weihnachde in Hesse.

 wie **nix**

In Hesse saache mir net:

"Leider liegen mir keine expliziten und detaillierten Informationen zu diesem diffusen Sachverhalt vor."

In Hesse saache mir:

"Nix Genaues waaß mär net."

Ein hessisches Wort mit X? Däs is nix

Beim **X** beweesche mir uns im hessische Dialeggd allsema bissi in de Grauzoone, gell. Hier is Flexibillideed [Flexibilität] unn Kreadiwwideed gefraacht!

Mir wolle do jetz kaa Wisseschaffd dodedraus mache, gell, awwer die Fraach is, ob's in jeedem Fall Sinn mäscht, däs **x** dorsch **gg** odder **ck** ze ersedze.

Die meisde hochdeutsche Wördder kann mär mim guude Gewisse aach uff Hessisch mit **x** schreibe, wie baaschbielswaase "nix", "fix unn ferddisch" odder "Hex".

Däs Wort "Gesangsverein" könnt mär entwedder so schreibe: "Xangsfäoin". Odder aach so: "Gsangfäoin". Es gibbt in dem Fall kaa verbindlische Reschdschreibreeschel. Die aanzsischsde Reeschel, wo mär sisch immäer draa halde soll is: **Alle Wördder werre so geschriwwe, wie mär se im Dialeggd schbrischt**, ohne dadebei däs Wortt bis zur Unkennd-lischkeit ze verhunzse.

Wenn mär sisch net ganz sischäer is, umgeht mär däs jeeweilische Wortt, wenn meeschlisch, in demm mär en gleischbedeunde Begriff nimmt, wo kaan **x** drinn is. Baaschbielswaase kann mär "Klartext" iwwersetze mit "Fraggdur redde" [Fraktur reden] unn geht dem **x** dademit geschiggt aasem Weesch.

Empfohlene Schreibweisen:

Axt	**Aggschd**, Aggsd, Axd
Exfrau	**Eggsbiggs**, Exfraa
Existenz	**Eckschissdenz**, Exissdenz
extrem	**exdreem**, eckschdreem
exklusiv	**exklusief**, eckschklusief
Explosion	**Explussjoon,** Eggschplussjoon
Fax	**Fax**
Faxen machen	**Faggse mache**, Faxe mache
fix und fertig	**fix unn ferddisch**
flexibel	**flexiebel, fleggsiwwel**
Hexe	**Hex**
komplex	**kommpleggs**, kommblizierd
Luxus	**Luxuss**, Luggsuss
maximal	**maggsimaal**
nix	**nix**, niggs
Saxophon	**Saxsofoon**, Saggsefoon
Sex	**Sex**
Xanthippe	**Xandibb,** Zankdibbe
Xylophon	**Xillofoon**, Gsillofoon

Hessischer Daachesablauf

Moins:

1. Uffschdehe, Kaffee koche
2. Gemiedlisch Kaffee tringke, Schnibbelsche Worscht esse.
3. Ab uff die Abbeid, schaffe.
4. Bissi Paus mache, Handkäs esse.
5. Noch e Päusje mache, Kaffee tringke.

Middaachs:

6. Nach de Middachspaus e klaa Niggersche mache.
7. Kaffee tringke, Stiggsche Riwwelkuche esse.

Nachmiddaachs:

7. Feierawend, haam.
8. Bembelsche ufffülle, en Schobbe petze.
9. Dehaam bissi rummworschdele.

Awends:

10. Äbbelwoi schlugge ... unn noch aaner.
11. Uff die Kaudsch leesche, unner die Kolder schlubbe, bissi Fernnseh gugge.
12. Funzsel aas, schloafe.

 wie ?

In Hesse saache mir net:

"Jason-Justin, es wäre lieb von dir, wenn du dir einen respektvolleren Umgangston angewöhnen könntest und dich nicht ständig deinen Eltern widersetzen würdest."

In Hesse saache mir:

"Isch gebb däer fäer's Knorrn (,du Fulder)."

Hessische Schreibweise von Y-Wörtern

Däs is aach wirrer so'n Sondäerfall, gell. Abbäer wass willst'n mache?! Es gibbt ebbe kaan hessisches Wortt mit **Y**.

Wie mir schonn obbe beim Wortt *Xylophon* gesehe habbe, werre aach alle annern hochdeutsche Wördder mit **Y**, unn aach Anglischissde [Anglizismen], im hessische Dialeggd dorsch **i** oder **ie** ersetzt, wie zum Beischbiel:

Asylant(en)	Assiland(e), Aasilant
Brandy	Brenn**die**, Bränn**di**
Handy	Hänn**die**
mysteriös	merggwörddisch
Physik	F**i**ssigg
Yeti	Jeedi
Yoga	Jogga, Jooga
Yuckapalme	Juggabalm
Ypsilon	Ibbsilonn

Z wie Zuggäschneggsche

In Hesse saache mir net:

"Entledige dich deiner Kleidung
und zieh dich aus."

In Hesse saache mir:

"Mach disch naggisch,
abber zaggisch!"

GRAMMATIK: **Hessische Wörter zum Dahinschmelzen**

Wenn ihr däs Buch bis hierhinn uffmerggsamm dorschgeleese habbt, dann wäerdd eusch ei Sach beschdimmd uffgefalle sei.

Es gibbt in de hessische Mundartt nämlisch en wundääbaares **Spraachfännomeen**: Innerhalb vonnem hessische Satz, werre allsema zwaa odder mehr uffenannerfolschende Wördder middenanner verbunne. Dodebei gehe gewisse Wördder flüssisch innenanner iwwer unn verschmelze zu aanem Wortt.

Beischbielsche:

Na, hör mal! – Ei, horsch e ma! → **Eihoschema!**

Sag mal … – Saach ema … → **Saachema …**

Warte mal! – Wadde ma! → **Waddema!**

Gehen wir? – Gehe mer? → **Gehmer?**

Schau mal! – Gugg ema → **Guggema!**

Wegen mir! – Weesche mir! → **Weeschemir!**

Däs Ganzse lässt sisch noch e bissi steischern …

> Haben wir es bald?! – Habbe mer's bald?! → **Hammersbald?!**
>
> Warten Sie mal! – Wadde Se ma! → **Waddesema!**
>
> Geh weg! – Mach disch fott! – **Machdischfott!**
>
> Sei still! – Halt dei Maul → Hal'deimaul! → **Haldeimaul!**
>
> Halt(e) mal deinen Mund! – Halt ema dei Sabbel! → Haldema dei Sabbel! → **Haldemadeisabbel!**
>
> Reg mich nicht auf! – Reesch misch ned uff! → **Reeschmischneduff!**

Unn wenn mär däs uff die absoluude Schbitz treibe duud, komme dodebei so kreadiefe Dinger raus wie: **Braach|mer|gar|ned|dribber|redde** odder **Ei|da|misse|mer|hald|ema|gugge|gell**.

Zabbe	1. Zapfen 2. Ende
zabbeduustdäer	stockdunkel
Zabbelfillipp	nervöser, unruhiger Junge/Mann
Zärggus	Zirkus
zaggisch	flott, zügig
Zassdäer	Geld

Zeil	Frankfurter Einkaufsmeile
zerdebbäern	kaputtschmeißen

zesammegeschdebbeltd fehlerhaft zusammen-
gebaut

zesammelebbäern 1. sich anhäufen 2. gewünschte
Anzahl (meist Geld) nach und nach anhäufen

Zeusch	Zeug
Zibbel	Zipfel
Zingke	Nase
Zobb	Zopf
zobbele	zupfen, ziehen
Zoores	lautstarkes Durcheinander, Zoff

Zuggäschneggsche 1. schneckenförmiges
Süßgebäck 2. eine attraktive, junge (süße) Frau

zuggeln	sehr langsam fahren
zwaa	zwei
Zwersch	Zwerg
Zwiebbel, Zwiwwel	Zwiebel

zwiwweln 1. sängeln 2. jemandem eine Backpfeiffe
verpassen

Zwoggel	kleinwüchsiger Mensch

Hessische **Schimpfwörter** mit **Z**

Zankabbel Person, die sich oft und scheinbar gerne streitet und sich mit anderen Leuten immer wieder in die Wolle bekommt

Zankdeiwel ein streitsüchtiger Mensch

Zankdibbe zänkisches Weib

Zimberliesje verweichlichtes Kind oder zimperliche Frau

Zimtzigge (Zigge) launische Frau mit schwierigem Charakter, die schnell eingeschnappt ist

Zoddelbogg, Zoddel(franzse)kobb ungepflegter Mensch; jemand, mit ungepflegten, zotteligen Haaren

Zorngiggel jähzörniger Prolet, Choleriker

Zumbel schlampige, unordentliche Frau

Zussel, Zusselkobb Frau mit zerzaustem Haar

ANHANG

In Hessen we don't say:

"Hello!",
"Good morning!",
"Good evening!",
"Good afternoon!"

In Hessen we just say:

"Guude!"

And this is bei uns en vollständische Satz, gell.

Just for fun: A liddel bissi Hessisch-English

So mansche hessische Wördder sin ausem Franzseesische entschdanne oddäer komme urspringglisch von de Engländern.

Wördder wie **Fissematende** [Fisimatenten: "Visitez ma tende"] **Pottmonnee** [Portemonnaie] odder **Trottwa** [Trottoi, Gehweg] komme all von de Franzsoose. Genauso wie de **Schesselong/Schässlong** ("Chaiselongue"), wo wiedderumm däs englische Wortt fäer Stuhl ("Chair") drinn stegge duud, unn aach noch das Wortt "long" – also en lange Schduhl, wo so ähnlisch aassieht wie e Soffa, wodezu mär uff Hochdeutsch aach "Ottomane" säscht.

Mei Omma säscht allsema: "Sei doch ma so guud unn hol mer ma däs Kneibsche aus de Schubblaad."

Däs **Kneipsche, Kneibsche odder Knibbsche** kimmt von demm englische Wortt *knife*. Däs is also net e klaa Kneip, gell, sonnäern e klaa Kischemesser.

In de deutsche Schbraach gibbt's inzwische en ganzse Aarsch voll Anglischissme [Anglizismen], wo hochdeutsche Wördder unn englische Begriffe middenannäer verworschdeld werre. Viellaascht hot sisch de aan oddäer annern von eusch aach schonnema die bereschdischd Fraach geschdelld, wie mär midde Anglischissme im hessische Dialeggd am besde umgehe soll.

Ei bass uff! Isch deed vorschlaache, mir behanndele die eigedeutschde Wörddern wie ganz normaale hochdeutsche Wördder unn iwwerseddzse se so, wie mir se im Dialeggd babbele. Wenn en wascheschde Hesse, wo Hessisch midde Muddermilsch uffgesaucht hot, Englisch babbelt, dann schwinggd de hessische Dialeggd im Tonfall sowwieso immäer aach e bissi mit.

Wenn mir dodegeesche als Grundlaach net Hessisch, sonnäern Hochdeutsch nehmme, dann deed isch saache, soll mär englische Wördder uff jeede Fall so ausspresche, wie däs de Engländer mäscht.

Hier emol e paar klaane Beischbielsche:

Hessische Aussprache und Schreibweisen von Anglizismen

Action	**Äggdsche(n)**
Blazer	**Bleesä**
Fakenews	**Feeknjuus,** dt.: "Ente"
Fan	**Fänn**
Handy	**Hänndie**
Hashtag	**Häschdägg, Häschtegg**
Internet	**Indernett**
Jeans	**Schiens**
Jogginghose	**Schoggingbucks**
Smartphone	**Schmattfoon, Smarttfoon**

T-Shirt	**Tie-Schärtt**
Update	**Abbdeed**
WhatsApp	**WoddsÄbb**

E bissi Hessisch-English fäer de Schbass

Nach demm serrijeese anglischissdische Vordraach, kimmt jetz de witzische Teil. Die unne uffgeschribbene Iwwersetzsunge treffe allsema soggar hunnerdprozendisch zu, abbäer in de meisde Fäll isses ebbe nur fäer de Schbass, gell. Die Iwwersetzdunge sin aus Juggs unn Dollerei endschdanne. Es is jetz aach net alles kombledd zum Schebblache, gell, awwer fäer'n klaane Schmunzsläer sollt's schonn reische – solang däs hier kaaner leese duud, wo fäer zum Lache nunner bei sisch in de Keller geht.

> Woss säscht en Offebäscher, wo in England e Kristbäumsche kaafe will?
>
> "Ä Tännsche, please!"

another day	**en nasse Daach** / Reeschedaach
Attention please!	**Uffbasse!**; Ä Tännsche(n), bidde
Beat it!	**Mach disch vom Agger!**

Big Apple	en große Abbel
Black Friday	Ferzz mit Krigge
Butcher	Worschtaddleed
Chicken Wings	Hingkelflittsche
Crumble cacke	Riwwelkuche
Darling	Schatzebobbes
David Bowie	Heinz Schenk

Don't worry, be happy! **Bevor isch misch uffreesch, isses mer liewer egaal.**

Facebook	Gesischdsbuch, Fratzebogg
Google	Guggel, Goggel

Hello!; Good morning; Good evening; Good afternoon – **Guude!**

Halloween	Guude, Wien!
How do you do?	Ei Guude, wie?
Hurry up!!	Hammersbald?!
I beg your pardon?	Hä?
Instagram	Inschdakraam, Inschdakrembel
Jam donut	Krebbel

Alles Käs ...	
Worst case	Worscht-Käs
Cold case	Kalde Käs
Best case	Handkäs

Keep calm	Reesch disch net uff!
Laptop	Schlebbdobb, Uffklabbkombjudder
little bit nervous	bissi hibbelisch
Limp biscuit	Labbeduddel
Live goes on	Lebbe geht weider
Oxford	Ocks fott!
Manhattan	Mainhattan / Frankfurt am Main
Manic Monday	bleed' Moondaach
McDonald's	old MäggDonnald
My home is my Castle	Isch komm von Kassel
Rock'n'Roll..	Raggenroll
Rooky	Rotzkoffäer
Rowdy	Fulder
Shit happens	Scheißdregg bassiert
Shut up!	Hal'dei Maul; Hal'dei Gosch
Sit down!	Hogg disch uff de Bobbes!
Sit down and shut up	Hogg disch hie unn haldema die Sabbel!
Simple Minds	Simbelsköbb

Smoothie	**Schmuusi**
Son of a bitch / Bad boy	**Bangkert**
Talking Heads	**Babbelköbb**
up and down	**enuff unn enunner**
upstairs	**enuffzuus**

Kimmd'n Ammi in Frankfortt Sacksehause inne Ebbelwoikneib enei, schlääschd sei Hessisch-wärdderbuch uff unn säscht: "I have Dorscht!"

Do schdelld de Schankwärtt demm Ammi en Schobbe uff die Deesch unn säscht:

"En Äppler a day, keeps the Dorscht away!"

Weitere Bücher des Autors:

Hessisch fäer Fottgelaafene (Taschenbuch, 181 S.)
ISBN-13: 978-1479304486

Hessisch fäer Labbeduddel (Taschenbuch, 225 S.)
ISBN-13: 978-1542428590

Das hessische Mundartwitzebuch (Taschenbuch, 105 S.)
ISBN-13: 979-8494635839

Frankfodder Gebabbel (Taschenbuch, 222 S.)
ISBN-13: 978-1537302508

Impressum

Frank Fodderwestje, 65931 Frankfurt am Main

E-Mail: frank.fodderwestje@gmx.de
Facebook.com/FrankFodderwestje
Instagram.com/FrankFodderwestje